Über das Buch

48 Pflanzenwesen ermuntern uns, sich ihnen anzuvertrauen, denn ihre Weisheiten sind vielschichtig. Intuitiv gemalte Bilder vermitteln eine tiefergehende Botschaft. Der begleitende Text dazu gibt Hilfe bei alltäglichen Belastungen im körperlichen, geistigen und seelischen Bereich, in dem er Lösungshinweise gibt. Enthalten sind Informationen zur Nutzung als Heilpflanze, darunter spirituelle Botschaften zur Integration ins tägliche Leben, z. B. ihre Anwendung in der Homöopathie oder bei Räucherungen.
Mit diesem Buch kann deshalb jeder die tieferen und in der alltäglichen Wirklichkeit verborgenen Zusammenhänge zwischen sich und der Welt der Pflanzen erfassen.

Über die Autorin

Frau Leffer ist Masseurin und med. Bademeisterin. Sie ist selbstständig und auf alternative Heilmethoden spezialisiert wie Akupunktur-Massage, Neuromuskuläre Therapie und Cranial-Osteopathie. Im Laufe der Jahre entdeckte sie ihr starkes Interesse am Schamanismus. Durch Workshops bei der Foundation for Shamanic Studies lernte sie Kontakt mit der Anderswelt aufzunehmen. Auch besuchte sie mehrmals die Kurse der Bienenmeisterinnen Naomi und Kate in Großbritannien. Während ihrer Ausbildung erhielt sie von den Pflanzen Hinweise, dass eine Aufgabe auf sie warte. Nach 24jähriger Tätigkeit in eigener Praxis in Deutschland ist sie nun mit ihrem Wissen in verschiedenen Ländern Europas unterwegs.

Karin Leffer

Heilende Pflanzenweisheiten

48 Begegnungen mit heimischen Wald- und Wiesenpflanzen

93055 Regensburg
E-Mail: info@reichel-verlag.de
www.reichel-verlag.de

Illustrationen Karin Leffer
Umschlaggestaltung Christian Wolf

ISBN 978-3-946433-95-8

Widmung

Dieses Buch widme ich in Liebe meinem Mann Thomas, meinem Sohn David und allen anderen Familienmitgliedern, die die schwere Lebenssituation mitgetragen haben, in die mich die geistige Welt führte. Ohne diese Zeit wäre die Entstehung der Bilder und Texte nicht möglich gewesen.

Dank

an die Schamanen, deren Wege ich kreuzen durfte, wie Hi-ah Park, bei der ich mehrere Workshops besuchte, Gerardo Pizarro mit seinem eindrücklichen Mesa-Ritual und vielen anderen, denen ich bei den Kongressen in Garmisch-Partenkirchen im Jahr 2000, sowie später am Mondsee begegnete. Ich möchte mich bei Jürgen Pfaff bedanken, bei dem ich die Workshops der Foundation for Shamanic Studies nach Michael Harner besuchte und die ersten Schritte im Schamanismus tun durfte.

Ich bedanke mich bei den Elfins Dusty Miller XIII. und seinem Sohn Dusty XIV. und seiner Frau Claudia aus Großbritannien.

Ich möchte mich bei Simon Buxton für sein Buch „Der Weg des Bienenschamanen" bedanken, durch das ich auf den Bienenschamanismus aufmerksam wurde, der Teil meines Lebens wurde. Ich möchte mich an dieser Stelle ausdrücklich bei Naomi Lewis und Kate Shela, meine beiden Lehrerinnen, bedanken.

Inhalt

Einleitung

Die Entstehung dieses Buches und der Zeichnungen sind für mich wie ein Wunder und ich stehe heute noch voller Ehrfurcht und Demut davor.

Ich möchte mich bei den Pflanzen und Wesen für die Gnade bedanken, die sie mir zuteilwerden ließen, um diese Bilder und Texte niederschreiben und ihr Werkzeug dafür sein zu dürfen.

Ich kann nicht sagen, dass ich dieses Buch geschrieben habe. Ich würde es eher als einen Zustand beschreiben wie: „Das Buch hat sich geschrieben und die Bilder haben sich gemalt".

In diesen Texten und Bildern offenbaren die Pflanzen und Wesen die Energien, die sie an euch abgeben, wenn ihr sie im Wald, im Garten, kurz in der Natur besucht. Es ist die Kommunikationsebene, die ihr unbewusst erlebt, wenn ihr euch in der Natur aufhaltet. Und es sind nicht nur die Pflanzen, die mit euch sprechen, es sind auch die Tiere, wie z. B. Insekten, Säugetiere, Vögel und schließlich die Mineralien, die Felsen.

Alles, was euch begegnet, spricht zu euch.

Sie geben euch die Botschaften mit auf den Weg, die euch helfen, in eure Mitte zu kommen. Jeder weiß, wie ausgleichend ein Aufenthalt im Wald ist, ja wie heilend das sein kann. Eine moderne Form dieser Heilung und Nutzung sind z. B. die Waldkindergärten.

Es gibt im Schamanismus eine uralte Methode, um die eigene Heilpflanze zu finden, die genau das Problem, sei es gesundheitlich, psychisch oder auch situationsbedingt, lösen helfen kann. Dabei begibt man sich in einem meditativen Zustand in die Natur, konzentriert sich auf das, was man lösen möchte, und sucht nach der Pflanze dafür. Man achtet darauf, welche Pflanze einem z. B. immer wieder auffallend begegnet, eine Pflanze, von der man förmlich angezogen wird. Dann nimmt man Kontakt auf, fragt nach, ob sie helfen möchte, ob man von

ihr etwas mitnehmen darf, lässt ein kleines Opfer als Dank zurück und begibt sich auf den Weg nach Hause.
Die Bilder und die Texte vereinfachen dir die Kommunikation, denn die soeben beschriebene Methode anzuwenden, erfordert einige Übung, die die meisten heute durch die Entfernung von der Natur nicht mehr haben. Du kannst nun die Bilder stattdessen verwenden. Die Pflanzen zeigen darin die unbewusste Botschaft, die dich die richtige wählen lässt, und vereinfachen dadurch für dich die Wahl. Um eine intuitive Wahl zu treffen, sind auf den ersten Seiten alle Pflanzenbilder verkleinert dargestellt. Sei gewiss, du wirst immer die richtige Pflanze wählen. Die Bilder und die Texte können helfen, den Weg wieder zurück zur Natur zu finden und die Wunder darin sehen und fühlen zu lernen. Ihr werdet in Zukunft mit anderen Augen durch die Natur gehen. Das verspreche ich euch.
Das ist so, wie es ein Imker einmal beschrieben hat: Wenn du anfängst Bienen zu halten, wirst du in Zukunft die Natur durch die Augen einer Biene sehen.
Ich war dabei immer auf der Suche nach den alten europäischen Wurzeln. Und wenn man sich auf die Suche begibt, wird man schließlich auch fündig.
– Ich fand die Elfins, die Ureinwohner Großbritanniens, die seit Jahrtausenden intensiven Kontakt mit den Baumgeistern, den Dryaden, pflegen und „Lebenshölzer“ herstellen. Dusty Miller der XIV. und seine Frau Claudia hielten in meiner Praxis etliche Workshops ab.

– Ich fand diesen alten europäischen Schamanismus schließlich im Bienenschamanismus in Großbritannien, der die griechischen Tempeltraditionen von Delphi seit Jahrtausenden ungebrochen im Verborgenen weitergeführt und bewahrt hat und besonders den weiblichen Schamanismus repräsentiert.

– Jörgen I. Erikssons Buch „Runenmagie und Schamanismus“ fand den Weg zu mir, durch das ich das erste Mal die für mich unverständlichen nordischen Mythologien verstehen und die Runen lieben lernte.

Heute bin ich dankbar, dass mir die Wesen der Pflanzen so eindrückliche Bilder übermitteln und meine Hand beim Zeichnen führen und mir über die Texte so einen tiefen Einblick geben in Urds Netz, in das Gewebe von Clotho, Lachesis und Atropos, in das Gewebe der Spiderwoman, wie sie von den Indianern genannt wird.
Mein Wunsch ist es, dass durch dieses Buch die Menschen wieder mehr Verbindung zur Natur suchen und die Landwirte, in deren Händen der größte Teil unserer Landschaft liegt, wieder mehr auf die natürliche Bearbeitung der ihnen anvertrauten Flächen achten, so dass viele Pflanzen, die fast ausgerottet wurden, in unsere Welt zurückkehren können, um ihre wichtige Arbeit verrichten zu können.

Karin Leffer

Wie entstanden die Texte?

Bei einem Waldspaziergang begegnete mir der Fliegenpilz. Mit ihm hatte ich schon lange vor, Kontakt aufzunehmen. Und da stand er nun in seiner ganzen Pracht und noch viele andere dazu.

Ich nahm ein Stückchen eines Pilzes mit nach Hause und begann mit einer schamanischen Trommelreise zum Geist des Fliegenpilzes. Er zeigte sich mir. Anschließend malte ich seine Erscheinung. Dann begann ich mit einer homöopathischen C4-Verreibung. Das ist im Prinzip der Beginn der Herstellung eines homöopathischen Heilmittels. Diese dauert insgesamt vier Stunden, für jede Potenzstufe eine Stunde. Während dieser Verreibung kamen die Texte, die ich aufschrieb, und zu meiner Verwunderung musste ich bis auf Kleinigkeiten nichts mehr daran ändern.

Zuerst wusste ich nicht recht, was ich davon halten sollte. Auf diese Art hatte ich die C4-Verreibungen noch nie erlebt. Allmählich jedoch kristallisierte sich heraus, was die Pflanzenwesen beabsichtigten, und nach und nach zeigte sich, wie die Bilder und Texte verwendet werden sollten.

Da der Frost die Blüten bald vernichten würde, nahm ich die Blüten, die mir wichtig schienen, und solche, die empfindlich waren, zuerst. Im Nachhinein verwundert mich die Reihenfolge, es sollte wohl so sein und war letztendlich nicht von mir gesteuert.

Am Anfang stellt sich die Pflanze meistens vor, beschreibt sich, hebt Einzelheiten und Besonderheiten hervor und fängt an, von sich zu erzählen. Dann kommt die Botschaft für jene, die die Pflanze für sich gewählt haben. Steht der Text in der Ihr-Form, dann spricht sie die Allgemeinheit an, die gesamte Menschheit. Die Du-Form meint den, der die Pflanze speziell für sich gewählt hat. Bei manchen Pflanzen sind zusätzliche Informationen angefügt.

Was kannst du mit den Texten machen?

Die Texte sind nicht nur Information, sie sind meditativ und deshalb für das Unterbewusstsein bestimmt. Die Texte sind vielschichtig, so wie unsere Vorfahren die Welt sahen. Es ist wie mit einem Stein, in dem man Formen von Tieren und Wesen erkennt, die ineinander verwoben zu sein scheinen, übereinander, ineinander, je nachdem wie man den Stein dreht.

Es ist sinnvoll, die Texte öfter zu lesen und darüber nachzudenken, um die tieferen Schichten der Texte zu finden. Es sind die Pflanzen, die gesprochen haben, und sie sind für dein Unterbewusstsein bestimmt. Nimm die Pflanze als Lehrmeisterin an.

Die Botschaften eignen sich auch für Gruppen. Sie sind wie bereits erwähnt meditativ und können z. B. in Yogagruppen in der Entspannung vorgelesen werden. Weitere Gruppen wären Selbsthilfegruppen, z. B. das Johanniskraut für Depressive.

Du kannst eine Pflanze oder auch drei auswählen. Die erste für die Vergangenheit, die zweite für die Gegenwart und die dritte für die Zukunft.

Wenn du eine Pflanze gefunden hast, die dir eine Botschaft übermittelt, liest du natürlich zuerst die Botschaft.

Betrachte das Bild, es enthält verschiedene Informationen und ist so vielschichtig wie der Text. Auf dem Bild des Rotklees sind z. B. genau 13 Blüten. Die Zahl 13 steht für die 13 Monde eines Sonnenjahres und steht deshalb für die Frau. Er enthält Pflanzenöstrogene, also weibliche Hormone.

Du kannst nun die Bedeutung erfassen, warum manche Pflanzen in der Umgebung völlig neu auftauchen, egal ob sie nur plötzlich ins Blickfeld rücken und schon vorher da waren, als stille Begleiter, oder ob sie sich tatsächlich erst neu im Umfeld niedergelassen haben. Der Text wird dir

Auskunft darüber geben, warum sie nun in dein Bewusstsein gekommen sind.

Was kannst du mit den Pflanzen machen?

Du kannst die Pflanzen in der Natur suchen. Betrachte sie genau. Sie sprechen auch zu dir, durch ihre Form, durch ihren speziellen Duft, durch ihre Farben, und wo sie gedeihen. Beschäftige dich mit der Pflanze. Lies in Büchern und im Internet nach. Es gibt so vieles über sie zu erfahren. Welche Insekten besuchen und bestäuben sie? Wer nährt sich von ihr? Welche Nachbarn liebt sie? Welcher Boden lässt sie gut gedeihen? Welche Inhaltsstoffe produziert sie? Für wen oder was sind diese gut? Wer sollte sich fernhalten von ihr? Kommt sie in Märchen vor? Welche Botschaften enthalten diese?

Pflanze sie auf deinen Balkon oder in deinen Garten, pflücke dir Sträuße, wenn es keine seltene oder gar geschützte Pflanze ist und stelle sie in deine Nähe.

Sind es Heilpflanzen, nutze ihre Heilkraft als Tee oder Salbe, wie sie eben traditionell angewendet werden. Manche kann man auch als Beigaben in Salate verwenden. Von den Giftpflanzen gibt es homöopathische Zubereitungen. Von anderen gibt es ätherische Öle, z. B. als Aromatherapie. Man gibt sie einfach ins Wasser und lässt es verdampfen. Eine weitere Möglichkeit sind Blütenessenzen, die man selbst herstellen kann. Beschreibungen gibt es im Internet. Seltene und geschützte Pflanzen erhältst du bei der Firma Blauetikett Bornträger, entweder als Pflanzen oder auch als Samen. Diese Firma hat sich spezialisiert auf solche Pflanzen (siehe Anhang).

Jeder ist aber auch bei der Anwendung zur Selbstverantwortung verpflichtet, was Giftigkeit, Verträglichkeit und Allergien betrifft. Es gibt Kräuterexkursionen und Kräuterlehrgänge, bei denen man die Pflanzen kennenlernen kann. Es gibt auch Kurse, in denen die Herstellung von Salben, Tinkturen, Essenzen usw. gelehrt wird.

Und schließlich kannst du dafür sorgen, dass seltene Pflanzen wieder in die Natur kommen. Säe sie oder pflanze sie einfach an geeigneten Stellen in der Natur. Du kannst mithelfen, die Natur zu einem einzigen großen Park zu machen. Die Landwirte bitte ich, Wiesenstreifen mit Wildblumen anzulegen, wo wieder Arnika, wilder Schnittlauch, kleines Habichtskraut und viele andere Blumen blühen dürfen und wie Kamille ihren Duft über die Landschaft legen und so nebenbei für die Gesundheit des Viehs sorgen.

Zweifel an der richtigen Pflanzenwahl

Wenn Du Zweifel hegst, ob es die richtige Pflanze und die zutreffende Beschreibung ist oder wenn sogar Ablehnung besteht, dann ist es an der Zeit, sich genau mit dem Thema auseinanderzusetzen. Unser Unterbewusstsein steuert uns so, dass wir genau am wunden Punkt vorbeischauen. Denn mit den eigenen Verletzungen konfrontiert zu werden bedeutet, sich dem Schmerz wieder auszusetzen. Das will das Unterbewusstsein auf jeden Fall vermeiden.

Es ist so, wie wenn jemand schon einmal beinahe ertrunken wäre und jetzt sagt der Text: „Wir gehen schwimmen“. Natürlich schreit dann das Unterbewusstsein: „Auf gar keinen Fall, denn ich bin schon einmal beinahe dabei umgekommen.“ Wer begibt sich freiwillig in eine lebensgefährliche Situation zurück? Deshalb weigert sich das Unterbewusstsein, das Thema als richtig gewählt anzuerkennen. Falle nicht auf diesen Trick herein. Lasse dich nicht überlisten. Denn um die Freiheit des Badens und Schwimmens genießen zu können, muss die Angst überwunden werden. Das Pflanzenwesen verlangt in diesem Fall, das Thema genau anzuschauen.

Die männliche und weibliche Form der Texte

Die Texte sind meistens in der weiblichen Form geschrieben, so wie sie mir diktiert wurden. Es gibt viele Pflanzen, die gerade für Frauenleiden heilend wirken oder Phytoöstrogene enthalten. Ich verzichtete darauf, die Texte mit beiden Geschlechtern zu schreiben, da das beim Vorlesen während einer Meditation eher störend wirkt. Trotzdem sind die Texte immer für beide Geschlechter bestimmt.

Bilder für die intuitive Pflanzenwahl

Fliegenpilz

Arnika

Eisenkraut

Mohnblume

Nachtkerze

Johanniskraut

Wilde Malve

Schafgarbe

Wegwarte

Ringelblume

Hirtentäschel

Kamille

Sumpfschachtelhalm

Wiesenglockenblume

Wasserdost

Wiesensalbei

Kanadische Goldrute

Karthäusernelke

Angelikawurzel

Zitronenmelisse

Waldgeissblatt

Lavendel

Löwenzahn

Borretsch

Heidekraut

Storchschnabel

Rosmarin

Wiesenflockenblume

Schwarzer Nachtschatten

Schöllkraut

Margerite

Taubenkropf-Leimkraut

Saat-Esparsette

Acker-Witwenblume

Frauenmantel

Königskerze

Heckenrose

Wurmfarn

Rotklee

Feinstrahl

Gänseblümchen

Spitzwegerich

Brennessel

Pfaffenhütchen

Hirschzungenfarn

Gartenwolfsmilch

Efeu

Stechpalme

Die Pflanzen

Fliegenpilz

1. Der Fliegenpilz - die göttliche Verbindung

In diesem Bild, in dem der Geist des Fliegenpilzes erscheint, sind die drei Farben der dreifaltigen Erdgöttin zu sehen: weiß für die Jungfräulichkeit, rot für die Fruchtbarkeit und schwarz für die Wandlung. Sie stehen auch für die drei Schicksalsnornen Urd, Verdandi und Skuld oder im griechischen Clotho, Lachesis und Atropos und wie sie in anderen Kulturen auch zu finden sind.

Aber lassen wir ihn selbst sprechen:
Ich spinne den Schicksalsfaden und webe das Schicksalsnetz, Urds Netz. Der Fliegenpilz ist ein Teil dieses Netzes. Meistens unsichtbar vor eurem Auge spinnen wir Pilze ein weißes Netz von Myzelfäden durch den dunklen Untergrund des Waldbodens, Verbindungen schaffend von einem Pflanzenlebewesen zum nächsten.
Meine Frucht wächst nur für kurze Zeit in seiner ganzen Pracht im sichtbaren Licht, meine Samen, die Sporen, verstreut der Wind – die fruchtbare Zeit. Wir Pilze haben die Aufgabe, totes organisches Material abzubauen und zu wandeln, damit andere Wesen es wieder aufnehmen können. Das geschieht auch in eurem Darm. Wir Pilze stehen somit immer an der Grenze, zwischen den Lebewesen und sind Bindeglieder.
Wir Pilze sind in euch und um euch herum. So kommuniziert ihr mit eurer Umwelt auch über die Nahrung, die ihr zu euch nehmt. Der Darm ist eure Kommunikationsstelle zwischen der Materie außen und euch. Wir sind an der Grenze von einem zum anderen und sorgen für Austausch von Informationen. Und nicht nur auf der materiellen Ebene, sondern auch auf der geistig-seelischen Ebene.

Für euch Menschen giftige Pilze sind für ein Kommunikationsnetz, das nicht für euch bestimmt ist. Allerdings können die meisten Pilze gegessen werden, wenn man weiß, wie sie zubereitet werden müssen. Aber es gibt nur noch wenige Menschen, die dieses Wissen haben. Heilende Pilze bauen Kommunikation wieder auf, die gestört wurde.

Wir Fliegenpilze sind nicht nur auf der materiellen Ebene tätig, sondern auch auf der immateriellen Ebene. Wir sind für Transformation zuständig, für die Wandlung der Materie in Information und die Weitergabe von Stoffen und damit auch Information. Durch diesen Informationsfluss entsteht eine Wandlung, eine Weiterentwicklung, ein Aufbau, eine Spirale, wie die drei Farben symbolisieren: Geburt und Kindheit (weiß), Elternschaft (rot) und das Alter und der Tod (schwarz). Der Tanz des Lebens in einer immerwährenden Spirale, denn das Ende ist zugleich ein Neubeginn.
Wir Fliegenpilze tragen Stoffe in uns, die eure Wahrnehmung erweitern und mit denen wir euch mit eurem Unterbewusstsein verbinden. Aber Vorsicht! Wenn ihr zu viel psychische Verschmutzung in euch tragt, dann können wir euch auch damit konfrontieren. Wir sind Meisterwesen und wurden seit Jahrtausenden durch erfahrene Schamanen angewandt, die wissen, welche Probanden sie mit uns verbinden dürfen und welche erst Reinigungsprozesse durchlaufen müssen.
Wir Pilze sind Pflanze und Tier zugleich und gleichzeitig keines von beiden.

Ich bin verbunden mit Urds Netz und bin dieses Netz, ich bin verbunden mit Urd, Verdandi und Skuld, ich bin die Verbindung von Vergangenheit, Gegenwart und Zukunft und gleichzeitig die Auflösung von Zeit, so wie ich die materiellen Strukturen auflöse. Ich kann dir Zugang zu Informationen verschaffen, aber gleichzeitig auch löschen. Ich bin der Zugang zur Erinnerung, an längst vergangene Ur-Zeiten, ich bin aber auch das Vergessen.

Ich aktiviere die Chakren, ich öffne das dritte Auge, ich schaffe einen sanften Kanal für die Kundalini-Energie zur Verbindung mit der Nichtalltäglichen Wirklichkeit. In meinem Reich der Dunkelheit ist viel Licht. Weiß und schwarz sind eins, Materie und Information sind eins. Ich bin der Tanz des Lebens, weiß, rot, schwarz und das Tor zu deiner Seele. Ich öffne das Tor zur Kommunikation mit deinem Unterbewusstsein, deshalb ist daran meistens keine Erinnerung. Die Informationen sind für dein Unterbewusstsein bestimmt, um den Verstand zu reinigen und wieder ins Gleichgewicht mit der Natur zu bringen.

Meine Botschaft für dich

Wenn ich in deine Welt trete, dann ruft dein Unterbewusstsein nach mehr Verbindung und Kommunikation. Das kann zu deinem höheren Selbst sein, zwischen deinem Bewusstsein und deinem Unterbewusstsein, es kann auch die Kommunikation zwischen anderen Lebewesen sein, ob Tier, Pflanze oder Mensch. Es kann die Kommunikation mit Geistwesen der Nichtalltäglichen Wirklichkeit, der Ober-, Unter- oder Mittelwelt betreffen. Oder deine Aufgabe ist es, Informationen und Wissen weiterzugeben oder aufzunehmen.

Es kann sein, dass dir dein Höheres Selbst eine Nachricht sendet. Sei deshalb wach, Zeichen, Nachrichten oder Chancen, die dir dein Höheres Selbst schickt, zu erkennen und sei vorbereitet auf diese Führung. Dieses Zeichen kann in Form von Intuition, einer Ahnung oder eines Bauchgefühls kommen. Vielleicht erscheint ein neues Buch, eine Beziehung oder Arbeitsstelle auf deinem Weg, was dich weiterbringt. Was immer es bedeutet, dir kann ein Weckruf gesendet werden und eine

Nachricht, dich vorzubereiten, mit der Anderswelt in deinem Leben zu arbeiten.
Ich erzähle dir auch, dass du einen neuen Zustand der Verbindung zur Anderswelt erreichst.
Ich helfe dir, dich für Führung zu öffnen, damit du Vertrauen zu deiner Intuition entwickelst. Ich helfe dir, eine sichere Verbindung zu einer höheren Ebene des Bewusstseins herzustellen. Ich bin dir ein Verbündeter, deine angeborenen psychischen Fähigkeiten zu aktivieren, so dass du ein Kanal wirst, um Verbindungen und Kommunikation zu manifestieren. Öffne dich für meine Energien, die Energien des Fliegenpilzgeistes, und bereite dich vor, eine neue Beziehung mit allem, was ist, zu manifestieren.

*

Der Fliegenpilz ist ein Bestandteil in der berühmten Hexenflugsalbe. Diese wird aber nur äußerlich aufgetragen. Von inneren Anwendungen rate ich ab, wenn man Kontakt mit dem Fliegenpilzgeist aufnehmen möchte, denn die psychedelischen Inhaltsstoffe schwanken um 500 %. Eine bessere Variante ist es, eine Trommelreise mit einer schamanischen Trommelgruppe zu unternehmen. Dabei wird ein Stück eines Fliegenpilzes in Herznähe in der Hand gehalten. Der Fliegenpilz lässt sich trocknen und kann so gut aufbewahrt werden und wurde ursprünglich im getrockneten Zustand zur Wintersonnenwende rituell verwendet. Es ist die Zeit zwischen den Jahren, die symbolisch für diesen Übertritt steht, die Zeit der wilden Jagd. Es ist auch die Zeit, in der das Orakel befragt wurde in den 12 heiligen Nächten, für jede Nacht ein Monat. Vielleicht waren es auch 13 Nächte, für jeden Mond eine Nacht. Deshalb werden traditionell an Weihnachten die Farben rot und weiß verwendet, die Farben des Fliegenpilzes. Und man findet ja auch heute noch Fliegenpilze an Adventsgestecken oder am Christbaum, der den Weltenbaum Irminsul oder Yggdrasil darstellt. Eine starke Ähnlichkeit weist der Fliegenpilzgeist mit dem Weihnachtsmann oder Nikolaus auf, ebenfalls in rot-weiß. Der Nikolaus, der mit seinem Schlitten aus einer anderen Welt kommt mit seinen Geschenken und genau weiß, was die Menschen(-kinder) getan oder nicht getan haben, oder der Weihnachtsmann, der ebenfalls vom Himmel durch den Schlot ins Haus kommt.

Arnika

2. Arnika - Schutz vor und bei Verletzungen

Ich bin die Arnika, ich bin die Heilerin, ich bin der Heiler, ich bin beide Seiten, ich bringe beide Seiten zusammen, ich vereine, was getrennt wurde. Ich vereine die Körperzellen, ich vereine männlich und weiblich, ich vereine Gleiches und ich vereine Gegensätzliches, ich heile Zerstörtes und Gestörtes.
Ich schaffe Verbindungen dort, wo etwas getrennt wurde, auch gewaltsame Trennungen. Siehst du meine zwei Blätter am Stängel? Sie werden an der gleichen Stelle mit dem Stängel verbunden. Ich schaffe wieder die Verbindung von Zellen, die verschoben oder getrennt wurden. Ich heile Verletzungen, die durch andere Materie verursacht wurde – auch durch Operationen entstandene Verletzungen. Ich bin für die Ordnung in den Zellen, für die Zellstrukturen zuständig.
Ich heile Angst vor Verletzungen, z. B. Traumen, die durch Krieg entstanden sind, wie bei Bombardierungen. Ich sorge dafür, dass sich diese Angst nicht in den Genen niederschlägt. Ich sorge für die Erhaltung der Ordnung in den Genen. Das könnt ihr wissenschaftlich nicht messen, zumindest momentan noch nicht. Auf wunderbare Weise bin ich die Mechanikerin, die den Motor in Ordnung hält, der in den Genen steckt. Ich muss dazu aber bald meine Arbeit tun können.
Ich hole durch psychische Traumen verloren gegangene Seelenanteile zurück und stelle die Verbindung wieder her. Es ist eine andere Verbindung als beim Fliegenpilz. Es ist die Ebene der Verletzungen und Traumen. Anders als beim Pilz, der immer und stetig tätig ist, erfordert es meine Tätigkeit, plötzlich nötig zu sein, wenn Unfälle und Traumen passiert sind. Meine Aufgabe ist es zu verhindern, dass Verletzungen und Traumen sich in das Gedächtnis des Gewebes genverändernd in der DNA niederschlagen. Verletzungen können nämlich über 2–3 Genera-

tionen in der DNA als „Erbkrankheiten" auftreten, bis sie mit der Durchmischung über die Generationen wieder gelöscht werden. Ich kann nach so langer Zeit nicht mehr in die DNA eingreifen, aber ich kann das Energiefeld ändern. So heilen allmählich die betroffenen Organe, z. B. die Nieren. Es sind dann nicht verloren gegangene Seelenanteile, die ich zurückhole – das ist eine andere Ebene. Es ist das Energiefeld der betroffenen Organe. Die Verletzung hat ja indirekt stattgefunden. Wenn man solche Verletzungen heilen möchte, die den Vorfahren passiert sind, dann kann man mich ab und zu eine Zeit lang in homöopathischer Form in einer hohen Potenz einnehmen.

Ich heile aber nicht nur Mensch und Tier, sondern auch die Natur. Viel Wissen ist verloren gegangen. Die Menschen verließen sich auf die Ärzte als Heiler. Und die Ärzte verließen sich immer mehr auf die Pharmaindustrie. Und diese entfernten sich immer mehr von der Weisheit der Natur. Ich habe eine starke Verbindung zur Heilkraft des Schöpferlichts, was sich im Bild in meinem Hut ausdrückt. Das ist die Schöpferkraft, die alles heilt und alles heilen kann. Sie ist grenzenlos. Ich nutze sie auf dem Gebiet der Traumen und Verletzungen. Ich bin auch ein gewaltiger Schutzgeist, der vor Verletzungen schützen kann. Man verrieb mich in Urzeiten, um sich in einem bevorstehenden Kampf oder einer Jagd vor Verletzungen zu schützen. Man nutzte dazu die Schalensteine, ich wachse deshalb auch in der Nähe von Schalensteinen.

Die Verletzungen sind in eurem Energiefeld. Deshalb war es euren Vorfahren so wichtig sich davor zu schützen. Man kann mich nur äußerlich anwenden, weil meine Kräfte sonst zu stark sind. Für eine innerliche Anwendung müsst ihr mich homöopathisch verdünnen. Bei der Vorbeugung und um Schutz zu erhalten, sind die Schalensteine oder ein großer Mörser die beste Möglichkeit. In Urzeiten versammelten sich die Krieger oder Jäger und verrieben in Gruppen. Deshalb sind auf den Schalensteinen oft mehrere Schalen. Die Gruppe verstärkt die Wirkung.

Pro Person wird eine Blüte benötigt. Es wurde oft roter oder gelber Ocker beigemischt und diese Paste wurde dann zum Schutz auf dem Körper verteilt. Es gab auch Schamanen, die diese Paste für die Krieger und Jäger herstellten. Ich bin schon seit Urzeiten ein mächtiger Verbündeter der Schamanen. Wer das wie eure Vorfahren anwenden möchte, sollte die Paste auf die Nierengegend, den Brustkorb und Hals auftragen.

Ich bin nur noch selten in der Natur zu finden. Ich helfe gerne, aber die Menschen müssen mich wieder im Garten anbauen und in der Natur verteilen. Sonst sterbe ich aus und kann meine Arbeit nicht mehr verrichten, die ich seit Urzeiten tue. Helft mir und ich helfe euch. Tretet mit mir in Verbindung und ich werde mit euch in Verbindung kommen.

Meine Botschaft für dich

Wenn du mich gewählt hast, dann kannst du sicher sein, dass eine Zeitspanne der Heilung über dich kommt. Heilung ist ein Prozess der Ganzwerdung und die Zurückerhaltung von innerer Balance. Fehlende Balance ist ein Resultat von dem Gefühl des Getrenntseins. Das Gefühl des Getrenntseins entsteht durch Traumen, wenn Seelenanteile verloren gegangen sind. Trennung liegt aber auch vor, bei echten Verletzungen, wo Gewebszellen voneinander getrennt wurden.
Sei offen für die Heilung, sei offen für die Rückkehr von verloren gegangenen Seelenanteilen und begrüße sie, wie der Vater, der seinen verlorenen Sohn bei der Heimkehr begrüßt. Arnika steht für Entspannung, Erleichterung und Befreiung und nimmt den Schmerz. Wachse aus dem Schmerz heraus und nimm wahr, dass alles, was an Schmerz und Trennung geschehen ist, dich in deiner Entwicklung weiterbringt, neue Chancen für neue Verbindungen schafft und dich in der Spirale des Lebens in der Erleichterung nach oben trägt.

*

Die Arnika prophezeite mir gleich bei Beginn der Verreibung einige Überraschungen. In der C1 hatte ich das Bedürfnis, immer wieder zu gähnen. Nach der Traumatherapie von Levine ist das ein Zeichen für die Lösung von Traumen und deren Folgen, den Totstellreflexen, die Erstarrung und Verspannung. Wie üblich hatte ich nach der schamanischen Trommelreise das Bild von ihr gemalt, wie sie sich mir gezeigt hatte – mit blassgelbem Hut und rosa Licht außenherum. Am Ende der C2 hatte sie die Botschaft für mich, ich sollte meine Freundin (Aura-Soma-Lehrmeisterin) nach der Flasche fragen: unten gelb und oben rosa. Ja diese gab es tatsächlich: Nr. 61. Jeannette erklärte, dass sie diese Flasche schon bei mir und unserem Freund Beo angewandt hatte, weil wir beide einen Verlust durch Unfall erlebt hatten. Beide hatten wir unsere Mutter verloren durch schwere Verkehrsunfälle. Nachdem, was mir Arnika bis dahin offenbart hatte (speziell Verletzung durch andere Materie), war ich fassungslos.

Eisenkraut

3. Das Eisenkraut – das rechte Maß

Ich bin die Fee des Eisenkrautes. Zartheit und Festigkeit, Sanftheit und Stärke. Ich wiege mich im Wind und trotze dem Sturm. Ich wachse am Rande deines Weges, aber auch mittendrin. Meine Blüten sind klein und unscheinbar aus der Ferne, aber wunderschön, wenn du sie genau betrachtest. Die tatsächlichen Farben erkennst du erst beim genauen Hinschauen.

Niemand erahnt, der mich nicht kennt, welche Kräfte in mir stecken, denn mein Pflanzenkörper ist schmächtig anzusehen. Aber wenn du mich abreißt, wirst du stark glänzende weiße Fasern erkennen, wie allerfeinste Glasfasern.
Ich bin eine Kraft, die nicht so leicht zu erkennen ist, mein Körper täuscht.
Ich bin eine Schönheit, die nicht leicht zu erkennen ist, meine Winzigkeit täuscht.
Du solltest dieser Täuschung nicht unterliegen und lernen genau hinzuschauen und genau hinzuspüren. Auch die Wissenschaft unterliegt dieser Täuschung. Sie hat mich in eine Ecke gestellt, in die ich nicht hingehöre. Öffne deine Augen selbst und du wirst sehend. Öffne deine Sinne und du wirst wissend.

Deine Urväter wussten von meiner Kraft und gaben mich ins Feuer der Schmiede. Stark machte ich das Metall, biegsam und formbar und doch unbeugbar. Das gab mir meinen Namen: Eisenkraut. Ein Name wie ein Donnerhall, ein Name wie Thors Hammer, der in der Schmiede entstand, funkenstiebend und blitzewerfend. Niemand erahnt das, wenn er am Wegesrand an mir vorbeizieht. Ich möchte euch zurufen, bleibt stehen, eilt nicht vorbei. Wohin so schnell, wenn das, was ihr sucht, so nahe ist?

So bin ich verbunden, nicht nur mit den Göttern. Ich bin verbunden mit dem Zwergenvolk, den Schmieden. Deshalb hast du bei der Trommelreise einen Zwerg gesehen. Das kleine Volk, ich passe zu ihnen von meiner Größe.

Man gab mich mit anderen Pflanzen zusammen in Sträuße zum Schutz der Häuser vor Blitz und Donner, vor Thors Hammer, dass er das Haus nicht treffen möge. Aber das ist nur eine Seite meines Wesens. Heilend gab man mich in Tees. Stärkend andere Kräuter. Eingreifend in viele Prozesse, wie im Schmiedefeuer, Kräfte harmonisierend, was aus der Balance ist, ins Gleichgewicht bringend, Überschüsse beseitigend, das Feuer im Körper ausgleichend. Ich bin eine Alchemistin in der Hand des Richtigen. Ich bin eine Dienerin der Heilenden. Ich bin formgebend der Heilung, ich bin für das richtige Maß, ich bin das Eisenkraut und wie der Name Eisen selbst beinhaltet, das Formbare, ich gebe Harmonie und Balance zurück. Deshalb musst du deinen Schritt bremsen und deine Eile dämmen, wenn du mich am Wegesrand erkennen willst. Nur durch das richtige Maß kommst du ans Ziel. Zu viel Kraft bricht das Eisen, zu wenig Kraft verhindert die richtige Form. Ich bin das Eisenkraut und kenne das Maß.
Deshalb kannst du mich bei allen Krankheiten einsetzen, denn Krankheit ist eine Form der Unausgeglichenheit. Ich bringe das richtige Maß zurück. Ich dämpfe das Fieber, das Feuer, ich wärme die Kälte, ich bin ein Mittler zwischen Frost- und Feuerriesen und deren Kräfte. Ich bin das richtige Maß.
Ich bin Mathematikerin und Physikerin, ich bin diejenige, die dir hilft, auf der Spirale des Lebens die nächste Stufe zu erreichen und die zerstörerischen Kräfte, die dich auf deinem Weg vorwärtsdrängen in schöpferische Kräfte zu wandeln. Wie das Eisen, das geschmiedet wird und eine neue glänzende und schöne Form erhält, ohne dass es durch zu viel an Kraft vom Hammer des Schmiedes zerschlagen wird.

Wisse, du wirst vom Leben unaufhaltsam geformt und geschmiedet. Nur dadurch ist Entwicklung möglich. Zu wenig Kraft führt zu Stagnation, zu viel Kraft zu Zerstörung, bis hin zur Selbstzerstörung. Ich kann dir helfen das richtige Maß zu finden. Ich kann dir helfen deine Anpassungsfähigkeit zu finden, ohne dass du an deinem Leben zerbrechen musst. Wie das Eisen, das sich durch die Schläge des Hammers an die Form anpasst. Wie das flüssige Wasser, das sich an jedes Gefäß anpasst und nicht entweicht, wie der Wasserdampf oder wie das Eis zerschlagen werden muss, um in einen Krug zu passen. Ich bin wie das Wasser, das das geformte Eisen kühlt, damit es die richtige Form, die es erhalten hat, behält.

Schicksalsschläge können treffen wie Thors Hammer. Nutze sie und erkenne deren Wert. Ich kann dir dabei helfen, den Nutzen zu erkennen und die Wunden zu heilen. Ich kann den Schlag, der dich getroffen hat, nicht verhindern, aber ich kann dir helfen, das Richtige daraus zu machen.
Wie die zerstörerischen Fluten einer Überschwemmung eines Flusses Dünger und fruchtbare Sedimente hinterlassen und die Pflanzen danach gestärkt wieder sprießen lassen, so gibt es einen Sinn hinter jedem Schicksalsschlag. Lerne die Energie zu nutzen und zu wachsen.

Die kalte Pracht des Winters lässt alles erstarren, die Entwicklung macht eine Pause. So kann auch im Leben eine Pause nötig sein, wenn es zu heftig zugegangen ist. Wie meine weißen Fasern im Innern mir Festigkeit und Stabilität verleihen, kann ich dir in heftigen Lebensphasen Ruhe und Stabilität schenken, um die entgegengebrachten Energien in der Zukunft nutzbringend einzusetzen. Ich gebe dir das, was du brauchst. Ich gebe dir deine Mitte zurück.

Meine Botschaft für dich

Wenn ich in dein Leben trete, dann hast du eine turbulente Zeit hinter dir und du suchst nach deiner Mitte. Du suchst nach dem rechten Maß und der rechten Antwort darauf. Du bist wie der Krieger nach der Schlacht, der sich erschöpft seine Wunden leckt und noch nicht weiß, wie sie heilen werden und ob überhaupt. Du kommst zu mir voller Hoffnung und Vertrauen, dass der Kampf nicht umsonst gewesen war und dass es einen Weg zum Frieden gibt. Ja, es gibt ihn. Und ich zeige dir die Richtung.

Und ich werde dich begleiten auf dem Weg dorthin, so dass du Frieden schließen kannst mit deinen Kontrahenten und vor allem mit dir selbst.

Du kannst nur inneren Frieden gewinnen, wenn du den Sinn des Schicksalsschlages verstanden hast. Wenn du in Selbstmitleid zerfließt oder dich in Rachegedanken ergießt, wirst du den Frieden nicht finden. Ich bin die Ruhe, die einkehrt nach dem Sturm, ich bin diejenige, die dir die Zeit verschafft für Einsichten, ich stehe an deinem Wegesrand und auf deinem Weg. Ich sorge dafür, dass du deinen Weg in Selbsterkenntnis weitergehen kannst. Wer Weisheit erlangt, braucht keinen Krieg mehr. Der weiß, dass es für alles eine Lösung gibt, dass der Weg nicht endet, sondern nach der nächsten Kurve weitergeht, auch wenn es aus der Ferne nicht danach ausschaut. Wie bei mir ändert sich das Bild, wenn man es aus der Nähe betrachtet. Aus der Ferne endet der Weg scheinbar an der Kurve, aus der Nähe erkennst du plötzlich, dass der Weg weitergeht. Du erkennst, dass deine Situation nicht ausweglos ist, das gibt dir den Frieden.

Die Zeit heilt die Wunden, sagt man. Eine Zeit der Ruhe gibt dir die Gelegenheit, den Sinn zu verstehen und Frieden zu schließen.

Du erkennst, dass es unmöglich ist, zurückzukehren an den Punkt vor dem Schicksalsschlag, und dein Kampf, dorthin gelangen zu wollen, vergeblich ist. In der Annahme der Situation hast du die erste Runde

gewonnen. Und nun den Nutzen aus der Situation zu ziehen, ist der Sieg. Ich helfe dir diesen Sieg zu erringen. Und ich bin bei dir, dein Selbstvertrauen und alles, was du für deinen weiteren Weg brauchst, aufzubauen zu einer nie geahnten Stärke.
Schau dir das Bild an, wie ich kleines Wesen die Pflanze halte und ausbalanciere. Das ist dein Weg mit mir.
Frieden liegt darin, denn keine Seite hat gewonnen oder verloren. Es gibt weder Sieg noch Niederlage. Leichtigkeit, fast schwebend ist die Pflanze über mir, so wie dein zukünftiger Lebensweg sein wird, wenn du nicht hadernd mit dir selbst in deinem Schicksal hängen bleibst.

Bleibe nicht stehen, wenn du in der Ferne siehst, dass der Weg scheinbar zu Ende ist. Schreite mutig voran, es ist nur eine Kurve. Und bist du nicht neugierig, was das Leben nach der Kurve noch für dich bereithält? Welche Wunder erwarten dich? Befreie dich von den Fesseln, die du dir selbst angelegt hast, ich helfe dir dabei.

*

In der Hildegardmedizin wird das Eisenkraut bei Entzündungen als Umschläge angewendet. Es kann auch als Tee innerlich eingesetzt werden. Traditionell wurde es bei Wunden und Verletzungen eingesetzt. Die Bachblütentherapie verwendet es, wenn man sich überlastet hat durch Übereifer mit missionarischen Tendenzen und intolerantem Idealismus. Es sind Menschen, die ihre Mitmenschen fanatisch, aufdringlich und intolerant verändern wollen, weil sie sich wünschen, dass es ihnen gutgeht. Und hier schließt sich der Kreis:
Das Eisenkraut beschreibt, wie es beim Formen des Eisens, beim Schmieden geholfen hat. Das ist eine der uralten Überlieferungen zur Pflanze. Es ist schon erstaunlich, wie das Eisenkraut im Text mit dem Begriff Form spielt: es hilft beim Formen in der Schmiede, formgebend der Heilung, zu wenig Kraft verhindert die Form, Krankheit ist eine

Form der Unausgeglichenheit, schöne Form erhält, sind nur ein paar Beispiele aus dem Text. Auch auf die Form des Weges nimmt es Bezug, auf die Kurve, die sich im Bild vom Eisenkraut wiederfindet. Es zeigt, dass die Texte von der Wortwahl eine tiefere Bedeutung haben. Im Hebräischen (nach Friedrich Weinreb im Buch „Symbolik der Bibelsprache“) heißt „jazar“ bilden, formen. Auch wenn man den Namen Eisenkraut von der Göttin Isis herleiten möchte, könnte es sein, dass hier eine alte Sprachwurzel besteht, in der der deutsche Name Eisen von Form und formbar stammt: lateinisch ferrum, englisch iron, schwedisch järn.

Die Überlieferungen sagen, dass das Eisenkraut als heilige Pflanze zur Reinigung von Opfersteinen und Altartischen in der indogermanischen Zeit verwendet wurde. Es wurde von den Römern bündelweise auf den Altar gelegt. Die Römer trugen das Kraut beim Aushandeln von Friedensverträgen bei sich, denn es wurde ihm eine friedenstiftende Wirkung nachgesagt. Die Kelten gaben ihm den Namen Druidenkraut, weil es ihre Priester, die Druiden zu sich nahmen, um ihre seherischen Fähigkeiten zu verbessern und ihre Zauberkraft zu stärken. Auch hier sollte es dem „Form“ geben, was man erreichen möchte, bei Verhandlungen genauso wie im Tempel bei Fürbitten usw. Und das auf die richtige Art, mit dem richtigen Maß, das den Erfolg bringen wird: Wie es in der Beschreibung zur Bachblüte Nr. 31 steht: „Weil er wünscht, dass es seinen Mitmenschen gutgeht, käme es ihm nie in den Sinn, ihnen seine persönliche Meinung aufzudrängen, sie gewaltsam zu seinen eigenen Vorstellungen zu bekehren oder sie geistig zu unterjochen.“ Wenn man mit dieser Einstellung und dieser Energie verbunden ist, wird man Erfolg haben, denn damit ist man im Frieden mit sich selbst und der Umgebung.

Mohnblume

4. Die Mohnblume (Klatschmohn) – Ruhe, Ekstase

Die Mohnblumenelfe:
Wie bei einem Windrad stehen meine Blütenblätter, den Wind einfangend und sich drehend. Mein Zentrum ist eine starke Samenkapsel, um die sich alles dreht. Um diese herum stehen meine Staubgefäße, die schwarze Pollen tragen, den die Bienen gerne holen, befruchtend und nährend meine Schwestern. Wie der Griff eines Kreisels steht meine Samenkapsel in der Mitte, der Ruhepol, um den sich alles dreht und der am Ende meine Frucht enthält, befruchtend die Natur fürs kommende Jahr in einem immerwährenden Kreislauf.
Der Kreis, um den sich alles dreht. Ein Tanz, so drehe ich mich wie ein Kreisel, ein Wirbel. Wie ein Derwisch, wie ein Schamane, ein ekstatischer Tanz um die Mitte, den Ruhepol.

Meine Blütenblätter sind zart und fein, aber mit ihrer tiefroten Farbe siehst du mich von weitem. Die Farbe des Lebens, der immerwährende Strom des Blutes, die Fruchtbarkeit, so wie der Schamane und der Derwisch sich im Tanz drehen bis zur Ekstase, um die Erleuchtung zu empfangen, so ist meine Blüte ein Wirbel, ein Kreisel. Und so wie Ekstase den ruhenden Pol in der Mitte und die Stille der Gedanken braucht, so ist auch meine fruchtbringende Mitte.
Ich bin die Ruhe und die Ekstase zugleich. Ich bin ein Blutrausch der Farben und mein Samen in der Mitte bringt die Ruhe und den Schlaf. Tanze mit mir den Tanz des Lebens, drehe dich im Wind, bis du dein rotes Blut in deinen Ohren pochen hörst, und lass dich ins Gras fallen neben mich, die Ruhe findend, nach dem wilden Tanz. Die Gedankenstille genießend, in Verzückung geratend, die Botschaft des Göttlichen empfangend. Ich bin da, um dich daran zu erinnern, wie berauschend

schön das Leben sein kann, wenn man sich mit dem Wind dreht und nicht gegen ihn.
Und dass du die Botschaften des Lebens nur dann verstehen lernst, wenn du dich nach dem wilden Tanz zu Boden fallen lässt, um zur Ruhe zu kommen.
Ich bin die Ruhe und die Ekstase. Ich bin da, um dir zu helfen, den Sinn deines Lebens zu erfassen, dir die Mitte und die Ruhe zu geben. Dich in den Schlaf zu führen, in die Traumzeit abzugleiten, die Botschaften des Schlafes zu empfangen.

Loslassen, leer werden, Vergangenheit, Gegenwart und Zukunft eins werdend, nur an diesem Ort empfängst du, wer du bist.

Schwarz, rot und grün sind meine Farben. Rot und grün stehen für das Leben. Nur in der Schwärze kannst du das Licht sehen und die Erleuchtung empfangen. Aus der Schwärze heraus ist das Licht gekommen.

Es ist mein Samen, meine Frucht, der dir den süßen Schlaf zu schenken vermag, der dir den Traum bringt, der dir den großen Plan verrät für den kommenden Tag.
Für den kommenden Tag, für die kommenden Zeiten, warnend Signale setzend, liebkosend für schöne Stunden, für Erfolge und Niederlagen, alles raunen sie dir zu. Wie ein Gespinst weben sich die Fäden, die Schicksalsfäden in die Träume ein, achte auf sie, es sind die Botschaften deiner Seele, besonders wenn du deinen Weg verlassen hast, wenn du dich dem großen Plan schmerzhaft widersetzt.
Ach die Schicksalsfäden, gesponnen von Urd, bemessen von Verdandi und einst abgeschnitten von Skuld, den drei Schicksalsnornen. Ich bin wie die Spindel in den Händen der Nornen, die sich immerwährend tanzend dreht und um die sich der Lebensfaden langsam wickelt. Die Spindel, an der sich Dornröschen stach und in einen hundertjährigen

Schlaf fiel. Wie ein Ballkleid aus knisternder roter Seide glänzen meine Blütenblätter. Komm, tanze mit mir.

Meine Botschaft für dich

Wenn ich deinen Weg kreuze, dann bist du auf der Suche nach deinem Seelenweg und dein Leben bereitet dir ruhelose und schlaflose Nächte und deine Träume verfolgen dich in den Tag hinein. Du möchtest deine innere Mitte finden. Fange deshalb an, deine Träume aufzuschreiben und die Botschaften und Symbolik darin zu verstehen. Achte auf das, was dein Herz und deine Seele wirklich wollen, damit du dich nicht selbst verletzt, und bringe dich in Einklang mit deiner Seelenaufgabe.
Das wird ein Durchbruch sein in eine neue Lebensphase, ein neuer Tanz, ein harmonischer Tanz, der dich in Verzückung und Ekstase versetzt. Nichts ist energiegeladener, als im Einklang mit seinem Schicksalsfaden, mit seiner Lebensaufgabe ZU SEIN. Zu fühlen, zu sehen, wie sich alles plötzlich nahtlos fügt zu einem klaren ganzen Bild.

Was willst du erreichen in deinem Leben, was sind deine Ziele?
Um das zu erkennen und schließlich zu erreichen, kann es sein, dass dich das Leben vollkommen aus den Bahnen wirft, so dass nichts mehr so ist, wie es war. Manchmal ist es nötig, alles zu verlieren und alles loszulassen, um alles zu gewinnen. Folge getrost und unbeirrt deinem Weg, wenn dein Herz und deine Seele sagen, dass es der richtige ist.
Lass dich nicht von Menschen beirren, die selbst nicht ihrem Seelenplan folgen. Sie wissen nicht, wovon sie reden. Niemand anderer kann wissen, was das Richtige für dich ist, außer du selbst. Du weißt und bist wissend. Du bist!

*

Die Mohnblume hält eine erstaunliche Erfindung der Natur bereit. Ihre Samenkapsel ist so gebaut, dass sich der Wind darin verfängt und die Samen vier Meter weit mit der Fliehkraft, die der Wind darin entwi-

ckelt, ausstreut. Selbst der Wind wird in einen wirbelnden ekstatischen Tanz geschickt und sorgt so mit seinem Tanz für die Weiterentwicklung der Pflanze im nächsten Jahr.
Früher gab es Klatschmohnblütenblätter als Sirup zur Beruhigung von Kleinkindern.
Der Klatschmohn ist giftig, besonders der Milchsaft. Jedoch kommt es auf die Menge an. Mit den Klatschmohnblütenblättern kann man durchaus einen Salat verzieren.

Der Samen des Schlafmohns wird für den Mohnkuchen verwendet. Er ist verträglicher und enthält sehr geringe Mengen Morphin. Mohn ist reich an Calcium und Vitamin B. Früher gab man den Kindern bei Schlafproblemen Mohn.
Der Schlafmohn ist eine der ältesten Kulturpflanzen des Menschen. Das Öl aus dem Samen wurde für kosmetische Produkte und zur Seifenherstellung verwendet. Der Mohn wurde schon immer medizinisch verwendet zur Schmerzstillung. 8.000 Jahre alte Keilschriften belegen das. Opium, das aus dem weißen Milchsaft hergestellt wird, wurde zu kultischen Zwecken verwendet. Im antiken Griechenland war die Mohnkapsel das Symbol für Morpheus, der Gott des Traumes, für Nyx, die Göttin der Nacht, und für Thanatos, der Gott des Todes.

Der Anbau von Schlafmohn zur Gewinnung des Samens für Mohnkuchen oder auch vereinzelt als Zierpflanze ist seit dem Zweiten Weltkrieg in Deutschland verboten, im Gegensatz zu Österreich und der Schweiz. Es ist schon erstaunlich, wie man Menschen mit „Gesetzen“ verbietet, uralte Kulturpflanzen anzubauen, die schon seit mindestens 8.000 Jahren verwendet werden, ohne dass sie die Menschheit ausgerottet hätten ...

Nachtkerze

5. Die Nachtkerze – das innere Kind

Ich bin der Geist der Nachtkerze, meine Blüten duften lieblich. Ich stehe aufrecht und meine Blüten bilden einen Kranz, wie eine Krone. Wir Nachtkerzengeister sind fröhliche Kinder, die sich an die Hand nehmen und einen gemeinsamen Tanz vollführen im Kreis herum. Wir lieben diesen Kreistanz.

Fröhlichkeit und Leichtigkeit und ein strahlendes Gelb. So sind unsere Blüten, so sind wir. Fröhliche Kinderseelen, noch unbeschwert von Verantwortung. Wir erblühen schon in der Nacht und schließen unsere Blüten bereits im Laufe des Tages wieder. Wir stehen für die unbeschwerte Kindheit, die mit der Verantwortung der Elternschaft die Leichtigkeit verliert. Wie die Elternschaft schon vor der Geburt des Kindes beginnt, bevor das Kind das Tageslicht erblickt, öffnen wir unsere Blüten in der Nacht und schließen sie, wenn der Tag den Höhepunkt erreicht. Unsere Blüten fallen nicht ab, sie hängen lange am dicken stabilen Stiel, bis sich die Samen gebildet haben, als Erinnerung an diese unbeschwerte Kindheit.

Trägst du deine unbeschwerte Kindheit noch in deiner Erinnerung?

Gehört diese Leichtigkeit des Seins noch zu deinem Leben? Fröhlichkeit, Leichtigkeit, das unbeschwerte Kinderlachen.

Oder wurden deine Kindheitsblüten beschnitten durch allzu frühe Verantwortung? Abgerupft, bevor sie an der Pflanze in ihrer Zeit welken durften und Früchte brachten? Ach du süßer Duft der Kindheit, wo bist du hin? Wo ist die Erinnerung daran geblieben?

Ich bin der Nachtkerzengeist und möchte dich daran erinnern, wie wichtig diese Kindheit ist, dass Früchte nur entstehen können, wenn die Blüten sich ihre Zeit nehmen können, um zu blühen. Ich gebe dir gerne deine Kindheit und Fröhlichkeit zurück. Erfreue dich an meinem Tanz und tanze mit mir. Sei eine meiner Blüten und reihe dich ein. Wir Kinder fragen nicht danach, was dich so früh gebrochen. Wir wollen nur fröhlich sein und geben diese Fröhlichkeit und Unbeschwertheit gerne an dich weiter. Sauge sie auf, atme sie ein, fülle deine leeren Plätze in dir damit. Spüre die umsorgende Liebe, eine Mutterliebe, eine Vaterliebe, die sich auf alle Wunden legt. Heile dein Kind, nimm die Energie aus meinen Früchten und nähre damit dein inneres Kind. Es sind die Blüten, die heil geblieben sind, die nun Früchte tragen und diese Energien weitertragen und Heilung geben können.

Meine Botschaft für dich

Wenn du mich erwählt hast, dann verlangt dein inneres Kind nach Nahrung, nach Aufmerksamkeit und Liebe. Die Verantwortung lastet allzu schwer auf deinen Schultern, denn du hast nicht gelernt, dass du diese Verantwortung abgeben kannst, in Form von Vertrauen, dass alles richtig ist, wie es ist. Das Vertrauen, dass dich jemand auffängt, wenn du stürzt, dass dich jemand tröstet, wenn dir Leid zugefügt wurde, dass immer jemand da ist, wenn deine Emotionen behaupten, dass du einsam und verlassen bist.

Heule, wenn dir danach zumute ist, lache, schreie, verstumme, stampfe, tanze oder wälze dich am Boden. Gib diesen Emotionen einen Körper, einen Ausdruck. All das, was du in deiner Kindheit nicht ausdrücken konntest, was du festgehalten hast, was dir nun auf deinen Schultern lastet.

Gib diesem inneren Kind diese Nahrung, nach der es sich so lange gesehnt hat, da es nicht tun durfte, was es wollte, weil es so früh aus der Geborgenheit gerissen wurde. Gib ihm, wonach es sucht.

Was antwortet es dir?

Wo bist du so lange gewesen?

Warum kommst du erst jetzt?

Antwortet es trotzig: Ich will aber nicht?

Rede mit ihm – ich helfe dir, ich bin dein Kanal.
Frage, was es braucht, um unbeschwert und glücklich zu sein. Frage, ob es noch nötig ist, die Schmerzen zu spüren. Frage, was die Gegenwart noch zu tun hat mit den Schmerzen der Kindheit, und ob es nicht Zeit ist, Frieden zu schließen? Frage, was Nützliches daraus entstanden ist, für was die abgezupften Blüten als Dünger dienen durften?

Zauberst du ein Lächeln auf das Gesicht deines Kindes, hörst du einen erleichterten Seufzer?
Schließe es in deine Arme, wie eine Mutter, wie ein Vater.
Ich helfe dir dabei zu verstehen, dass alles, was geschah, nicht geändert werden kann, dass es Teil ist von dir selbst, dass es ein wertvoller Teil deiner Geschichte ist, die dein Lebensbuch füllt.
Was wärst du ohne dem? Ein leeres Blatt, das nichts zu erzählen hätte, das nichts gelernt und nichts getan hätte, das keine Weisheit besäße. Was für einen Sinn ergäbe dann dein Leben, ein unbeschriebenes Blatt zu sein? Welchen Rat könntest du dann deinen Freunden, deinen Enkeln geben?
Schließe Frieden mit deiner Kindheit und schöpfe Kraft daraus. Das ist die Kraft, die dich durch das Erwachsenenalter trägt. Fröhlichkeit, Unbeschwertheit, Leichtigkeit, vertrauend darauf, dass alles, was ist, richtig ist.

Ich stehe an der Böschung am Straßenrand, ich stehe überall in der Flur, weithin sichtbar mit meinen leuchtenden Blüten. Ihr Menschen fahrt an mir vorbei, beschäftigt mit eurem täglichen Leben, im Versuch, das Leben steuern zu wollen, anstatt euch tragen zu lassen, so wie ihr am Steuer eures Fahrzeuges sitzt. Spürst du die Last und die Schwere? Wenn du eins bist mit deinem inneren Kind, dann brauchst du diese Last nicht mehr zu tragen. Wenn du mich an deinem Wegesrand stehen siehst, dann erinnere dich daran, dass du die Last nicht mehr nötig hast,

dass du getragen wirst vom Leben, wie ein Kind von seinen Eltern getragen wird. Lass los und versuche dein Leben nicht zu steuern wie dein Auto. Wie leicht ist das, wenn du dir stattdessen sagst, alles, was ist, ist richtig und alles was kommen wird, ist richtig? Und du wirst sehen, welche Last von dir genommen ist.
Deine Aufgabe ist es, den Rucksack aus deiner Kindheit loszulassen und stattdessen dir einen Tee zu kochen aus meinen Blüten und meinen Duft einzuatmen. Packe also diesen Rucksack aus und schaue diese Dinge an, die du nicht mehr brauchst, gib sie Mutter Erde zurück in Liebe und bedanke dich bei ihnen für die Lehren, die sie dir auf deinem Weg gaben.
Deswegen erblühe ich in der Nacht, in der dunkelsten Stunde deines Lebens, wenn du nicht mehr weiter weisst und die Last zu groß geworden ist. Denn genau da ist der Punkt, an dem du bereit sein wirst, alles von dir fallen zu lassen, den Ballast endlich loszuwerden und das Leben ab jetzt in Heiterkeit zu zelebrieren.

Meine Blüten bilden eine goldene Krone, sie erinnert euch Menschen daran, dass ihr für die Schöpfung eigentlich die Krone seid. Aber ihr könnt es nicht werden, wenn ihr am Übergang zum Erwachsenenalter festhaltet an den Verletzungen eurer Kindheit.
Welches Chaos verursacht ihr dadurch? Was ihr an unverarbeiteten Ängsten, Trauer, Wut mit euch schleppt, tragt ihr in die Welt hinaus und behandelt Mutter Erde entsprechend. So wie euer Gleichgewicht gestört ist, so zerstört ihr das Gleichgewicht der Natur. Die Natur antwortet darauf, weil sie sich selbst wieder ausbalancieren muss. Eure innere Verschmutzung tragt ihr nach außen. Ihr wählt eure Partner danach aus, wer am besten zu euren inneren Qualen passt, und wundert euch, dass es nicht mehr funktioniert, sobald ihr anfangt diese Schmerzen und Verhaltensmuster loszulassen.

Ihr habt die Rituale vergessen, die eure Urahnen hatten, um den Ballast rechtzeitig abzuwerfen, im Übergang von der Kindheit zum Erwachsenen. Denn als Erwachsener weißt du, dass deine Eltern ihr Bestes gaben, was für sie zu diesem Zeitpunkt möglich war, und dass das beste Geschenk, was sie dir gaben, das Geschenk deines Lebens selbst war, ist und sein wird. Und dass dies alles ist, was du erwarten durftest und deine tiefste Demut und Dankbarkeit verdient. Und alles, was sie evtl. darüber hinaus dir gaben, ein Zusatz ihrer Liebe war und nicht der Selbstverständlichkeit entspringt.
Dies ist die Weisheit, die dich zur Krone der Schöpfung macht.

*

Die Samen, der herrlich duftenden Nachtkerze enthalten einen hohen Anteil an mehrfach ungesättigten Fettsäuren, vor allem die Omega-6-Fettsäure Gamma-Linolensäure (GLA), die ein Bestandteil der Zellmembranen ist.
Man kann den Samen selbst sammeln und 1 TL pro Tag einnehmen oder den Samen über Salate streuen. Die Wurzel kann ebenfalls bis zur Blüte gegessen werden.

Die Heilkraft der aus Nordamerika stammenden Nachtkerze wurde bereits von den Indianern geschätzt, z. B. bei Quetschungen und anderen Verletzungen. Ein Brei aus den ölhaltigen Samen nutzten die Algonkin-Indianer gegen Hautausschläge oder um eine straffe und jugendliche Haut zu erhalten. Die Cherokee behandelten mit der heißen Wurzel Hämorrhoiden. Bei rituellen Tänzen der Zuni für Regen und gute Ernten kauten sie die Blüten und rieben sich damit den Körper ein. Im heiratsfähigen Alter steckten sich die jungen Frauen der Hopi-Indianer die Blüten an Festtagen ins Haar. Die Navajos nutzten die Nachtkerze bei jeder Krankenheilung und bei Beschwörungsritualen.[1]

---

1 Monika Lenzer in der Ausgabe „bisch zwäg“ und Annette Weinzierl in „Gesundheit Chrüteregge“.

Johanniskraut

6. Das Johanniskraut – der Weg ins Licht

Meine Zeit ist der Sommer, wo das Licht in voller Kraft strahlt. Ich sauge dieses Licht in mich auf, wie ein Bühnenstar, der von den Scheinwerfern bestrahlt wird.

Ich genieße dieses Licht.
Ich bade in diesem Licht.
Meine Säfte speichern dieses Licht.
Ich trage den Namen Johanniskraut, weil ich zu Johanni erblühe, zur Sommersonnenwende, wenn die Kräfte der Sonne die Erde am stärksten umfließen.
Johannes der Täufer, der das göttliche Licht durch die Taufe ergießt.

Meine Kraft verdrängt die Finsternis, die Finsternis von dunklen Gedanken, hebt die Nebel, die den Geist umhüllen und gefangen halten. Ich bin ein Befreier, eine Befreiung aus dem Gefängnis. Meine Blüten sind gelb wie die Sonne, mein Saft färbt die Öle, die aus mir bereitet werden, blutrot wie der lebenspendende Saft des Blutes.

Ich vertreibe die Finsternis, ich hebe die Nebel. Selbst meine Blätter haben feine Löcher, durch die das Licht fällt. Ich mache durchlässig die Gedanken, so dass du die Schönheiten der Welt wieder wahrnehmen kannst, so dass dein Geist über den Nebeln schweben kann und die Schwere der Finsternis verliert.
Ich bin ein Lichtbringer in einer finsteren Zeit. Ich bin die Hoffnung, ich bin wie der Lichtschimmer, der durch die winzigen Öffnungen meiner Blätter dringt. Hoffnung, dass es da draußen noch etwas anderes

gibt außer Finsternis. Ich bin der Bote, der dir die Nachricht bringt von einer Welt jenseits der Finsternis, von einer lichten Welt.
Ich wärme dich mit meinem Feuer, ich wärme deine Gedanken, ich gebe dir die Kraft, auf die andere Seite zu schauen, das Dunkel zu durchdringen, den Vorhang der Bühne beiseitezuschieben, um zu sehen, welches Schauspiel unter dem Rampenlicht zu sehen ist.
Ist es tatsächlich das Drama, das du vermutest? Oder ist es ein Lustspiel, ein freudvoller Gesang? Welche Schönheit kannst du erkennen, aus dem finsteren Zuschauerraum? Ein vorsichtiger Blick erst, bevor du selbst die Bühne wieder betrittst und am Schauspiel selbst teilnimmst und das Stück mitgestaltest, das da aufgeführt wird, und erkennend, ob es tatsächlich das vermutete Drama war oder du einem Irrtum auferlegen bist. Und das Drama schon längst beendet wurde, sich der Vorhang schon längst geschlossen hatte, dich in Finsternis einhüllend.
Mit mir kannst du erkennen, welches Stück tatsächlich gespielt wird und was längst der Vergangenheit angehört. Und welcher dein Part in diesem Stück ist.
Ich befreie dich aus dem passiven Zuschauer, ich gebe dir die Bewegung zurück. Ich löse dich aus der Rolle des steifen Zuschauers, der nur durch die Ferne wie durch ein Opernglas der Aufführung folgt.

Vielleicht hast du die Lust, mit mir die Geschichte umzuschreiben? Aus einem Drama ein Lustspiel zu machen?
Ich werde dir zur Seite stehen, ich werde dir Witz und Lachen auf deine Lippen zaubern. Ich werde dir die Backen röten und deine Schritte zum Tanz formen.
Was immer diese Finsternis in dir verursacht hat, ich zerstreue sie.

Ja, es stimmt, ich kann die Haut empfindlich machen für das Licht, aber nur, wenn das rechte Maß nicht eingehalten wird, wenn ihr zu viel des Guten tut.

Ich mache die Haut durchlässig für das Licht, so wie meine Blätter feine Öffnungen haben. Du brauchst das, um Stoffe bilden zu können, die dein Körper dringend braucht. Substanzen, die deine Gedanken fröhlich machen, die deine Stimmung heben, die dir die Balance zurückgeben, so dass du auch die Schönheiten um dich wieder erkennen kannst.
Meine Blüten und Samen sind die Lichtspeicher für die dunkle Jahreszeit, die du nutzen kannst, um den Mangel an Licht auszugleichen.

Meine Botschaft für dich

Wenn ich dir auf deinem Weg begegne, beschreitest du einen Weg in Finsternis, und egal, was dich aus der Bahn geworfen hat, ich werde dir helfen einen Weg ins Licht zu finden. So wie die Sonne des Herbstes langsam die Nebel während des Tages zur Seite schiebt, werde ich in dein Herz scheinen und deine inneren Nebel beseitigen.

Ich helfe dir zu erkennen, ob etwas dran ist an deiner Geschichte, die es rechtfertigt, in ewiger Finsternis zu leben, oder ob es sich lohnt, einen neuen Weg zu wagen im Glanz der Sonne, in der Klarheit des Tageslichtes.
Ich helfe dir, dass du es wagst und du den Mut aufbringst, der Wahrheit ins Gesicht zu schauen, von der du dich zurückziehen wolltest, weil der Schmerz vielleicht zu groß war.
Ich gebe dir Vertrauen, dass du diesen Schmerz aushalten kannst, die Trauer, den Verlust oder was immer dich in Finsternis gestürzt hat. Ich gebe dir das Wissen, dass es ein Teil deines Lebens ist und der Versuch, es zu verdrängen, nicht hilft. Ich gebe dir die Hilfe und die Kraft, dass du es als ein Teil deines Lebens annehmen kannst und die Verdrängung aufgibst und beides, Licht und Finsternis, wie Tag und Nacht ein Teil deines Lebens sind und beide zu dir gehören. Ich helfe dir,

deine Balance wiederzufinden, so dass du auf die Bühne des Lebens zurückkehren kannst.
Es hilft nicht, festhalten zu wollen, Gegangenen oder Vergangenem folgen zu wollen.
Erkenne, dass du dein eigenes Leben leben musst.
Erkenne, dass dein eigener Weg wichtig für dich ist.
Erkenne, dass es niemandem nutzt, dass du in Trauer und Schmerz und wie ein Zuschauer dein Leben verbringst, am wenigsten denen, die für immer gegangen sind.
Wollen nicht alle, dass du dein Leben in Fröhlichkeit genießt, dass du dein Leben liebst?
Es ist unmöglich das Schicksal eines anderen zu tragen. Möchtest du, dass ein anderer dein Schicksal trägt?
Komm mit mir, ich nehme dich an die Hand und führe dich auf die Bühne und lehre dich, schwebend wie eine Primaballerina über die Bühne zu tanzen, den Schmerz vergessend, das Licht und den Applaus genießend, die Freude in den Augen der anderen zu sehen, über dich, über deinen Tanz, über dein Geschenk, das du für andere bist.
Ich helfe dir, die Maske fallen zu lassen, hinter der du deine wahren Gefühle zu verbergen suchst. Eine Maske, die die Gesichtszüge versteinert und regungslos macht.
Ich helfe dir, dein wahres Ich zu zeigen, den Gefühlen Ausdruck zu verleihen, die Tränen fließen zu lassen, den Schmerz zuzulassen. Die besten Schauspieler sind die, die ihre eigenen erlebten und erfahrenen Emotionen zeigen dürfen. Sie sind authentisch und bekommen den größten Beifall vom Publikum. Sie sind sie selbst, sie sind ein Star, ein Stern am Himmel. Dort hat jeder seinen Platz, leuchtend in der Finsternis. Ich helfe dir, zu einem Stern zu werden, selbst die Finsternis durch deine Leuchtkraft zu erhellen für andere. Denn durch deine Erfahrung kannst du leuchtendes Beispiel geben für andere.

Wilde Malve

7. Die wilde Malve –Verantwortung, göttliche Gerechtigkeit

Ich bin der Malvengeist, ich trage einen Kragen, er ist wie ein Schutzschild an meinem Nacken. Der Hals hat viel mit dem Selbstbewusstsein zu tun und ich bin wie eine Königin. Meine Pflanze ragt aus dem Gräsermeer heraus, überragt die meisten anderen Pflanzen. Ich trage deshalb meinen großen Kragen mit Stolz.
Und wie die Königin in ihrem Schloss bin ich in meiner Kugel voll weißem Licht, abgeschirmt und geschützt von allem, makellos und unantastbar. Wie runde wertvolle Perlen schimmern in meiner jungen Blüte die Staubgefäße, bevor sie den fruchtbaren Pollen preisgeben. Sie gleichen der Lichtkugel, in der ich mich befinde.

Unbeugsamkeit und Stolz, das drückt sich im Hals aus, sogar wenn meine Blüten verwelken, recken sie sich noch. Und auf der anderen Seite sind meine rosa Blütenblätter empfindliche Geschöpfe, zart und durchscheinend, jede Ader sichtbar. So bin ich auf der einen Seite ein starkes Geschöpf, auf der anderen Seite aber ein zartbesaitetes Wesen, empfindsam, verletzlich.
So ist auch die Halswirbelsäule: stark auf der einen Seite mit einer durchaus kräftigen Muskulatur, aber auch verletzlich mit einem empfindlichen Kopfgelenk.
Meine Stängel sind steif und gerade, aber sie brechen auch leicht.

Was kannst du noch erkennen? Meine Adern in den Blättern gleichen den Bronchien, die sich immer feiner verzweigen, bis sie schließlich jedes Lungenbläschen erreichen. Ich bin eine uralte Heilpflanze und werde seit Jahrtausenden geehrt und geschätzt. Ich bin eine Königin im Pflanzenreich. Ich bringe dir Heilung für deinen Hals für innen und

außen. Ich bringe dir Heilung für deine Bronchien. Ich bringe dir Heilung für eine gesunde Haut. Ich bin die Vornehme für einen gesunden Mundbereich, für eine vornehme Haut.
Ich bin die Königin, der andere dienen müssen. Deshalb kannst du mir andere Zutaten in den Tee mischen. Ich trage Verantwortung, dass alles gut zusammenwirkt. Und wie eine Königin ihrem Volk dient, so diene ich dir gerne.
Ich bin voller Pflichterfüllung, wie es eine Königin sein sollte. Ich bin voller Verantwortung, die wie mein Kragen auf den Schultern ruht. Ich bin Gerechtigkeit und halte alles im Gleichgewicht und in der Waage, wie die bunten Zutaten in einem Tee. Ich gebe allem eine schöne Farbe. Ich bin lieblich und beliebt.
Ich bin voller Anmut.

Meine Botschaft für dich

Wenn wir uns begegnen, dann lastet viel Verantwortung auf deinen Schultern oder es ist dir viel Ungerechtigkeit widerfahren, was deinen Hals schmerzen lässt. Es kann auch sein, dass du hinterrücks hintergangen wurdest, denn es ist schwierig, die Palastintrigen und Palastrevolten rechtzeitig zu erkennen. Ich werde dir helfen, deinen wahren Platz einzunehmen voller Stolz und Anmut. Ich werde dir helfen, den Platz deiner Position zu meistern, so dass du deine Lebensaufgabe erfüllen kannst, gegen jede Widerspenstigkeit, gegen jede Auflehnung und jeden Widerstand.

Du wirst lernen, deine wahren Freunde zu erkennen, die dich unterstützen, weil sie den wahren Kern deiner göttlichen Aufgabe erkannt haben und den Weg gerne mit dir gehen, die dir vertrauen.
Eine wahre Königin kann nur in der göttlichen Gerechtigkeit wandeln. Darin liegt ihre ganze Kraft. Alles andere würde ihr Volk nur ins Unglück stürzen und zu Revolten führen. Ich werde dir helfen, die Na-

ckenschläge zu verkraften, die Ungerechtigkeiten zu ertragen, so dass du trotz alledem in Anmut und Schönheit auf dieser Erde wandeln kannst.
Denn Weisheit liegt darin, dass alle Energien, die dir entgegengebracht werden, du wandeln und für dich nutzen kannst, so wie das weiße Licht alle Farben enthält und eint. So wie die Königin ihr Volk einen soll.
Palastrevolten und Verrat – sie nehmen dir die falschen Freunde und befreien dich von ihnen. Erkenne das, und du wirst die Erleichterung spüren und die Freiheit der Ein- und Ausatmung zurückerhalten.
Ich werde dir das Selbstvertrauen geben, dass es keine falschen Entscheidungen geben kann, dass du weder Opfer noch Täter bist, dass du dich nicht zum Opfer machen lässt und auch nicht zum Täter. Palastrevolten und Verrat wirken reinigend. Es bleiben nur die zurück, die mit dir in Wahrheit, Treue und göttlicher Gerechtigkeit gehen wollen.
Eine Königin weiß, dass sie immer Königin bleiben wird, egal wie die Geschichte endet. Und diese Weisheit gibt dir die Freiheit und Leichtigkeit in deinem Nacken und in deinen Schultern zurück und lässt dich wandeln in Anmut. Denn du weißt auch, dass erst die Zukunft zeigen wird, wie die Gegenwart tatsächlich beurteilt werden kann.
Erst die Zukunft zeigt das wahre Gesicht und den Wert. Das Rad der Zeit schenkt dir das makellose weiße Licht, in dem es weder Schuld noch Unschuld gibt. Das ist die Weisheit der göttlichen Gerechtigkeit.

Meine Botschaft für dich ist also diese. Niemand kann dich beugen, solange du es nicht selbst tust. Sie können dir das Genick brechen, so wie mein Stängel gebrochen werden kann. Sie können dich von deinem Platz drängen, deine Position einnehmen, aber sie werden am Ende von ihren eigenen Freunden geschlagen werden. Denn Verrat paart sich mit Verrätern. Dies ist die göttliche Gerechtigkeit.
Ich schenke dir den längeren Atem und dieser besteht aus Einatmen und Ausatmen. Und jedes hat seine Zeit. Und zum Schluss wird es weder

Sieg noch Niederlage geben, weder Gewinner noch Verlierer. Die Zeit heilt alle Wunden, sagt man. Und ich trage meinen Teil dazu bei, deine Wunden zu heilen mit einer neuen Haut.
Ich werde dir beistehen in all diesen Zeiten. Atem gebend, wenn du einen langen Atem brauchst, die Last auf den Schultern tragen helfend, wenn das Gewicht allzu schwer wird, die Wunden heilend, die das Leben dir zugefügt hat.
Ich helfe dir, Missgunst, Verrat und Lüge zu ertragen und dies als Schwäche deiner Widersacher zu erkennen, die dir deshalb nichts anhaben können. Selbst wenn sie ihre Ziele vermeintlich erst einmal erreichen. Du weißt, wenn der richtige Zeitpunkt gekommen ist, dann wird der Atem des Lebens sie hinwegpusten und ihnen die richtigen Lehren erteilen.

Du musst nichts tun. Das Leben tut.

So wie ich in dieser strahlend weißen Lichtkugel bin, abgeschirmt von allem, so kannst auch du abwarten in aller Ruhe und Gelassenheit, was geschehen wird. Das Leben wird dir die Perlen mit den fruchtbaren Pollen innendrin zuwerfen, um alles ins Gleichgewicht zurückzubringen und die Fruchtbarkeit deiner Taten zu gewährleisten.

Schafgarbe

8. Die Schafgarbe – Gemeinschaft und Toleranz

Ich bin der Schafgarbengeist und präsentiere mich dir in einem weißen Hochzeitskleid, so weiß, wie meine Blüten sind. Meine Blüten stehen dicht gedrängt und man erkennt ihre Schönheit erst, wenn man sie genauer betrachtet. Aus der Ferne nimmt man mich nur als Ganzes war, wie wenn es eine große Blüte wäre. Die gelben Staubgefäße, die jede einzelne meiner unzähligen Blüten zieren, sind erst aus der Nähe zu erkennen. Ich habe die Form einer weißen Wolke oder wie winzige wollige Schäfchen in der Ferne auf der Weide, daher auch mein Name Schafgarbe. Mein Kleid ist ein schneeweißes Hochzeitskleid, wie meine winzigen Blütenblätter, jeweils fünf an der Zahl.

Ich liebe die Wiesen, ich liebe das offene Gelände, ich liebe Platz um mich herum und reihe mich in die Gräser der offenen Flur ein, so wie meine Blüten in gleicher Höhe dicht nebeneinanderstehen. Ich liebe es, mit meinen Nachbarn zu kuscheln, wie meine Blüten dicht gedrängt stehen. Mit vielen anderen Pflanzen gemeinsam bilde ich die Wiese und forme sie zu einem großen Ganzen. Meine Blätter strecken sich wie Antennen aus, stark gefiedert, jede Schwingung auffangend, und meine gelben Staubgefäße in jeder Blüte recken sich nach oben, Schwingungen abgebend, ausgleichend.

Ich bin eine Wächterin für Stimmungen, eine Heilerin bei Missstimmungen, mein bitterer Tee gleicht Missstimmungen aus. Ich bin wie die Schäfchen auf der Wiese, die gerne beieinander sind, wie meine Blüten. Sie lieben den Frieden untereinander, kuscheln eng und sind gerne einer Meinung und folgen gemeinsam einer Richtung.

Und das ist wie bei einer Hochzeit, bei der man sich entscheidet, mit einem anderen Menschen eine gemeinsame Linie einzuschlagen, beiei-

nander zu bleiben und zu kuscheln, sein Leben miteinander zu verbringen, einem gemeinsamen Ziel zu folgen.
Ich bin eine Streitschlichterin, ich bin eine Harmoniestifterin, so dass es möglich ist, diesem gemeinsamen Ziel zu folgen.

Meine Botschaft für dich

Wenn wir uns begegnen, dann ist die Harmonie in deinem Leben verloren gegangen. Vielleicht hat deine Partnerschaft ihr gemeinsames Ziel verloren oder an deinem Arbeitsplatz gibt es unterschiedliche Auffassungen, wie das gemeinsame Ziel erreicht werden könnte. Es kann auch sein, dass man sich gar nicht auf ein gemeinsames Ziel einigen kann, dass falsche Ziele gewählt wurden, die nicht im Einklang mit dem großen Ganzen sind.
Wenn dich das als Frau betrifft, kannst du Gesundheitsprobleme bekommen in Form von Menstruationsproblemen, Bauchkrämpfen und Gebärmutterbeschwerden, Entzündungen im Unterleib.
Als Mann kann so eine Situation zu Ärger und Streit führen, was die Leber, das Herz oder die Prostata belastet. Ich kann dir helfen, dass deine Leber richtig arbeitet und dadurch das Herz entlastet wird.

Ich bin gerne da, um dir beizustehen, und helfe dir gerne dabei, deinen Weg zu erkennen. Nur in Harmonie ist ein gemeinsames Ziel erreichbar. Missstimmungen, Missgunst, Führungsstreitigkeiten, Rivalität, Boykott, Neid und Eifersucht machen dies unmöglich. Eine Wiese ist nur so viel wert, wie die Summe ihrer Teile. Wenn dort nur Steine sind und Disteln wachsen, dann nährt das nur noch ein paar wenige Ziegen.

Jeder hat seinen Platz und seine Aufgabe im Gefüge des Ganzen. Es ist die große Kunst, jeden zu lassen, wie er ist, aber das zu nutzen, was er mitbringt. Es ist die große Kunst, eine gemeinsame Sache daraus zu machen. Wenn jeder seine Fähigkeiten einbringen kann, dann tut es

sich von selbst und das Ziel wird erreicht, eine saftige Wiese, die viele Nährstoffe bereithält und viele Heilmittel wachsen lässt, die auch anderen wieder zugutekommen und viele, ja, unzählige Tiere nährt und gesund hält.
Ich bin dazu da, das Gemeinsame im Unterschied zu finden und das Allerbeste daraus zu erschaffen. Ich bin dazu da, dass du erkennst, dass du mit der Verschiedenheit des anderen leben kannst, dass es von Vorteil ist, dass dieser Unterschied einen Nutzen hat.

Und wie ist es mit einem gemeinsamen Ziel in der Partnerschaft?
Wenn Streit vorhanden ist, wenn das Gemeinsame verloren geht, wie kann da eine Frucht entstehen? Ein Kind? Es wird das Nest gestört, die Gebärmutter, der Unterleib.
Und wenn schon Kinder da sind und dann von den Eltern das gemeinsame Ziel aus den Augen verloren wird?
Wie können Kinder gedeihen in einer Atmosphäre voller Streit, Missgunst, Eifersuchtsdramen, Rachegelüsten und Rivalität? Ihr zerstört das, was euer gemeinsames Ziel war, und bildet euch ein, dass daraus noch etwas Fruchtbares entstehen könnte. Ihr verfolgt eure eigenen selbstsüchtigen Ziele und nicht mehr das gemeinsame Ziel, das am Anfang stand. Ihr verlasst den Weg vorzeitig.
Ich bin da, um dich an das gemeinsame Ziel zu erinnern. Deshalb zeige ich dir hier das vollständige Bild von mir, das du aber niemals gewählt hättest.

Es ist nicht gut, herumzuhüpfen von einer Idee zur nächsten und kein Ziel tatsächlich zu Ende zu führen. Wie zwei Pole, die sich ergänzen, der Gegensatz, männlich und weiblich, oben und unten, heiß und kalt, das sich auch in der 8 ausdrückt, so ist die Welt. Und so bin auch ich die 8. Pflanze, die sich für dieses Buch offen-

barte, das 8. Kapitel. Ihr seid verbunden in dieser Partnerschaft, wie die 8. Und die Mitte, der Knoten, das ist euer Ziel.
Ich möchte dich daran erinnern, dass eine Trennung nicht zu dem Resultat führt, das du dir erhoffst. Denn es ist die Aufgabe, in deinem Leben eben genau die Verschiedenheit des Partners zu erleben und trotzdem dem gemeinsamen Ziel zu folgen. Es ist heute einfach geworden oder vielmehr macht ihr es euch oft einfach, wenn die Verschiedenheit im Alltag plötzlich immer mehr zutage tritt, zu sagen, ich gehe, ich habe ein neues Ziel, bevor die Kinder erwachsen wurden. Du sagst, das sind altmodische Ansichten? Nein, es ist ein Gesetz der Natur. Mit dem Ja zur Mutter- und Vaterschaft hast du Verantwortung übernommen, nicht nur für die Kinder da zu sein, sondern auch für den Partner, und die Verschiedenheit zu überwinden, für das gemeinsame Ziel, für das Große Ganze.
Zurückzustehen, Bescheidenheit, Toleranz zu üben und damit ein gutes Vorbild für die Kinder sein. Was gibst du für ein Beispiel für die Kinder ab? Alle Eltern haben die Aufgabe, ihre Probleme gemeinsam zu lösen, dem Partner beizustehen und zu unterstützen. Und nicht in Unfrieden und Streit auseinanderzugehen. Wer auf der Strecke bleibt sind eure Kinder. Ihr wundert euch über Neurodermitis, Schuppenflechte, ADHS, ADS und vieles mehr bei euren Kindern? Es ist das Resultat aus euren eigenen Problemen, die ihr nicht angeht, sondern wegschiebt, gegenseitig zuschiebt, die Schuld dem anderen gebend.

Ich bin die Schafgarbe, ich bin für Gemeinsamkeit, für Zusammenhalt, für Zielstrebigkeit. Ich kann dir helfen, das Gemeinsame zurückzufinden, für das du einst die Partnerschaft wähltest. Du bist dieses Risiko eingegangen. Es ist ein Risiko, eine Reise ins Unbekannte, ein Abenteuer, auf das du dich eingelassen hattest, in tiefem Vertrauen, dass es das richtige sei. Auch deine Kinder haben sich darauf verlassen, dass du

zu deiner Entscheidung stehst. Das tiefste Vertrauen, dass dir je geschenkt wurde. Wirf es nicht weg für eigennützige Ziele.
Das Leben hat euch zusammengeführt, nicht damit ihr dann davonlauft. Und wenn du das tust, dann läufst du nicht vor deinem Partner davon, sondern vor dir selbst, denn dein Partner ist dein Spiegel. Aber du kannst nicht dein Spiegelbild ändern, sondern nur dich selbst.

Ich bin eine Mahnerin in dieser Zeit. Ich weiß, diese Zeilen werden dir nicht schmecken. Aber es ist nötig, um euch zurückzuführen auf einen besseren Weg. Die Menschen haben den Weg verlassen und es ist doch gerade mein Weg, die Gemeinsamkeit. Und es ist meine bittere Aufgabe, euch daran zu erinnern. Ich weiß, mein bitterer Tee schmeckt nicht jedem, aber er heilt.

Es ist kein leichter Weg. Aber wer hat dir versprochen, dass das Leben einfach und leicht sein würde? Das ist es nicht. Wenn ihr jedoch an euch selbst arbeitet für das gemeinsame Ziel, werdet ihr reich beschenkt werden.
Es wird euch stolz machen, alle Hindernisse und Erschwernisse gemeinsam überwunden zu haben. Und was bindet mehr, als Erlebnisse und Gefahren gemeinsam gemeistert zu haben? Und wie das Wort schon sagt: gemeistert! Ihr seid dann wahre Meister des Lebens geworden, das Alter in dem Bewusstsein zu erleben, die Weisheiten des Lebens aufgesogen zu haben. Und ihr werdet stolz auf eure Früchte, eure Kinder blicken, die dankbar sein können, die die Gemeinschaft und den Zusammenhalt erleben durften.
Und was habt ihr alles an Weisheit lernen dürfen, wovor andere davongelaufen sind?
Tief im Inneren wisst ihr, dass der gemeinsame Weg, für den ihr euch am Anfang entschieden habt, die richtige Entscheidung war, ist und bleiben wird.

Und was soll das häufige Gezerre um die Kinder?
Wollt ihr tatsächlich eine Entscheidung den Kindern abringen – für oder gegen euch? Die Kinder sind zur Hälfte Vater und Mutter, sie vereinen in sich euch beide. Sie sind der Knotenpunkt der 8 – das Ziel. Wie könnt ihr verlangen, dass sie sich für eine Seite entscheiden? Dann müssten sie sich auch gegen die Hälfte in sich selbst entscheiden und die Hälfte von sich selbst schlechtmachen. Ihr zerreißt sie bei diesem Versuch und treibt sie in die Verzweiflung, in Ohnmacht und schließlich in den Selbsthass.
Wenn ihr euch schon für die Trennung entschieden habt, dann lasst die Kinder aus diesem egoistischen Spiel. Das gemeinsame Ziel ist es dann, den Schaden zu begrenzen, und ihr handelt weise, wenn ihr einfach eure Kinder liebt, so wie sie sind, als Teil von euch selbst und als Teil eures Partners und ihr versteht, dass die gemeinsame Verantwortung für die Kinder durch die Trennung nicht beendet wurde und auch nicht beendet werden kann.

Eine Wegwerfgesellschaft produziert Müllberge. Eine Gesellschaft, die mit den Ressourcen achtungsvoll umgeht, bewahrt und erhält, repariert und erkennt den Wert.
Ich bin die Schafgarbe und ich freue mich dir beistehen zu dürfen, dass du das Gemeinsame in allem erkennst, bewahrst, reparierst und erhältst.

Das Große Ganze, was ist das? Worum geht es da?
Es ist die Ewigkeit, das große Ziel, wie die 8, die Ewigkeitsschleife, die Unendlichkeit darstellt. Wie kann sich der Mensch da einbringen, dessen Zeit doch begrenzt ist? Durch Monumente? Durch Heldentaten? Alles unterliegt der Vergänglichkeit. Das einzige, was dem Menschen wirklich bleibt, sind seine Kinder, seine Enkel, die ihn forttragen in die Ewigkeit. Und das ist die Aufgabe der Gemeinschaft: dafür zu sorgen, dass die Kinder in der Gegenwart das Beste erhalten, was möglich ist,

damit sie in der Zukunft die Stärke und Kräfte haben, um ihrerseits wieder da sein zu können für ihre Kinder, dass sie wachsen, behütet und beschützt sind, Kräfte sammelnd für ihr eigenes Leben in Verantwortung.
Weißt du jemand Besseren für diese Aufgabe als dich selbst?
Wieso gebt ihr dann die Kinder in Kinderkrippen zu einer Zeit, in der sie noch dringend eure eigene Aufmerksamkeit und Anwesenheit bräuchten? Eure kuschelige Nähe, eure Fürsorge, eure Stimme, eure Liebe?
Ihr verhaltet euch heute, als wäre jeder andere besser für eure Kinder als ihr selbst.

Das sind meine mahnenden Worte an euch von eurer Schafgarbe, an dich von deiner Schafgarbe, denn ich mache mir große Sorgen, denn der Weg, den ihr, den du zurzeit beschreitest, ist nicht gut für euch, für dich. Wacht auf und kehrt um, zerstört nicht eure Zukunft, sondern hegt und pflegt sie. Ich stehe euch bei. Ich helfe euch.
Ich umarme euch wie eine liebende Mutter, wie ein liebender Vater umarmt und tröstet, eure Tränen wegwischt und ihr mit frischen Kräften wieder ins Leben zieht, bereit für neue Taten.

Mein Text ist lang geworden. Aber nicht so lang wie die Unendlichkeit. Ich bin die 8. Pflanze und stehe für die Unendlichkeit. Nur in der Gemeinschaft meistert ihr diese.
Noch ein Letztes gebe ich euch auf euren Weg.

Ein Streit in der Partnerschaft ist ein Krieg. Im Krieg gibt es immer nur Verlierer. Und so wie ihr eure Kriege in der Partnerschaft, im Kleinen führt, so entstehen Kriege auch zwischen Völkern. Ich stehe für die Gemeinschaft, deshalb ist dies auch mein Thema.

Und auch Kriege bei den Völkern lassen nur Verlierer zurück. Besinnt euch und handelt gemeinschaftlich mit gemeinsamen Zielen. Von diesen gibt es reichlich.
Umso mehr ihr eure Kinder alleine lasst, umso mehr verlasst ihr eure gemeinsamen Ziele. Indem ihr in der Familie Toleranz übt, umso mehr werden auch die Völker untereinander Toleranz üben. Ein schwarzes Schaf in einer Herde gehört dazu wie jedes andere auch. Es ist eben eine interessante Variante.

Botschaft der Schafgarbe

Die Schafgarbe hat das Thema in diesem Text sehr auf die Partnerschaft bezogen. Es ist jedoch wichtig, ihre beiden Themen Gemeinschaft und Toleranz nicht aus den Augen zu verlieren. Für manche können in einem anderen Bereich diese Themen betroffen sein, z. B. im Beruf.

Das Symbol für verheiratet sind zwei verschlungene Ringe, die ebenfalls eine liegende 8 bilden.

Wegwarte

9. Die Wegwarte – der Weg, das Ziel und die Zeit

Du siehst mich am Wegesrand stehen, ein ständiger Begleiter. Du gehst und fährst an mir vorüber und ich erfreue dich mit meinen himmelblauen Blüten. Azurblau wie das Universum über dir, wie die Farbe des Wassers und des Meeres, die Farbe der Luft.
Beides ist unabdingbar für deine Existenz – Wasser und Luft. Beides ist unabdingbar für das Leben auf diesem Planeten, die Erde.
Ich stehe an deinem Wegesrand und erinnere dich daran. Dein Weg auf diesem Planeten wird erst durch die Luft und das Wasser möglich. Ich stehe an deinem Weg und bin dein Weg. Ich bin Teil dieser Erde, meine Wurzeln sind in der Erde. Ihr liebt und schätzt meine Wurzeln. Ihr macht Kaffee daraus und sie wirken heilend.
Auch ich bin eine alte Heilpflanze und erinnere euch daran. Ich bin ein Symbol für Mutter Erde, so blau wie ihr Wasser und so blau wie ihre Lufthülle, der blaue Planet. Mit der Erde reist ihr durch das Weltall, gemeinsam mit uns Pflanzen, Tieren und Mineralien. Es ist euer Raumschiff, ein besseres erhaltet ihr nicht.

Ich stehe am Rande deines Lebensweges und egal wie du reist, du kommst an mir vorbei. Ich bin deine Begleiterin, ob der Weg nun weit ist oder kurz und ob dein Weg irgendwo hinführt oder zurück. Er kann dich in die Irre führen, er kann aber auch dich direkt zum Ziel führen. Er kann ein Umweg sein oder eine Abkürzung. Er kann ein beschwerlicher Weg sein, aber auch ein leichter.

Welchen Weg wählst du?
Du siehst das Ziel nicht. Es ist zu weit entfernt.

Oder hast du dir ein festes Ziel gesteckt und findest den Weg noch nicht?
Der Weg ist das Ziel, sagt der Weise und wie recht er damit hat!

Meine Botschaft für dich

Du hast mich gewählt. Wenn wir uns begegnen, dann hast du Hindernisse auf deinem Weg oder du hast die Orientierung verloren. Du hast ein Ziel und weißt aber nicht, wie du es erreichen sollst.
Sieh dir mein Bild an. Es gibt viele Wege, die in alle Richtungen führen, aber alle führen ins Weltall und von dort wieder zurück zur Erde. Es ist egal, welchen Weg du einschlägst, es ist immer der richtige Weg. Es ist egal, welche Richtung du wählst, du kommst immer ans Ziel. Denn das Ziel ist das Ziel und es ist aber gleichzeitig nicht das Ziel, weil das Ziel der Weg selbst ist. Es ist beides und es ist keines von beidem. Das ist das Mysterium. Du klagst über die Hindernisse auf deinem Weg. Sie sind aber bereits Teil des Zieles. Denn durch die Hindernisse wird dein Lebensweg erfahrungsreich. Du bist bereits am Ziel, wenn du den Weg beginnst. Ziel und Weg sind eins.

Wie kannst du also den falschen Weg wählen, wenn Ziel und Weg eins sind? Das geht gar nicht. Vertraue also, dass du immer den richtigen Weg gehen wirst.
Denn alles, was dir auf deinem Weg begegnet, ist wichtig für dich und dein Ziel.
Du brauchst es und es wird auch immer zum richtigen Zeitpunkt erscheinen, an dem du es gerade brauchst, um die Erfahrungen zu sammeln, die nötig sind, um dein Ziel zu erreichen, um vorwärtszukommen.
Du magst ein Ziel haben und wenn du es erreicht hast, dann wirst du erstaunt feststellen, dass nicht das Ziel selbst wichtig war, sondern in

den Erfahrungen viel größere Schätze lagen, als im Ziel selbst. Deshalb ist Weg und Ziel eins.
Ich werde dir beistehen auf deinem Weg. Ich werde dir die Kraft geben, deinen Weg bis zum Ende zu gehen. Ich werde dir helfen, die Hindernisse zu überwinden, werde dir andere Möglichkeiten zeigen, die dir den Weg erleichtern oder verkürzen. Ich werde bei dir sein, wenn du mich brauchst. Schaue in meine blauen Blüten, trinke dieses Blau mit deinen Augen und ich werde dir beistehen.
Ich gebe dir die Energie, die du brauchst, um deine täglichen Pflichten zu erfüllen, denn auch diese sind Teil des Weges. Ich diene dir gerne. Denn auch du dienst dem Großen Ganzen und somit diene ich nicht nur dir, sondern der gesamten Schöpfung. Meine Energie ist deine Energie und umgekehrt. Ich tue durch dich und du tust durch mich. Am Ende verschwindet sogar dein Ziel und nur der Weg bleibt und selbst dieser schwindet aus der Ferne, verschwindet in dem Großen Ganzen und du wirst zu einem Teil unter vielen Teilen, dem gemeinsamen Großen Ganzen.
Vergangenheit und Zukunft schwinden und es bleibt nur der winzige Punkt der Gegenwart. Dann hast du dein wahres Ziel erreicht. Du bist – ich bin. Und wir begegnen uns da, wo alles ist. Du hast es nicht mehr nötig, an mir vorbeizueilen. Du bist in der Unendlichkeit der Zeit und blickst mir tief bis ins Innerste meiner Blüten. Genießend diese Zeit der Zweisamkeit, eins werdend, mein Geheimnis wissend.

Der Weg ist das Ziel und ich warte am Wegesrand auf dich – eine Warte und wartend, dich behütend und beschützend auf deinem Weg und wartend, bis du dein Ziel erreichst. Bis du deinen Blick in meine Blüten lenkst, ertrinkend in dem Blau meines Meeres der Zeit.
Die Unendlichkeit für einen Augenblick kostend, bis ich dich zurückschicke auf deinen Weg durch die Zeit – auf einen neuen Weg zu einem neuen Ziel, wartend.

Dir das gebend, was du brauchst, Geduld, Ausdauer, Durchhaltevermögen. Du findest mich an trockenen Stellen, am Saum des steinigen Weges, am Übergang zur saftigen Wiese. Am Rand, am Übergang. Ich bin der Saum, der Übergang, nicht Weg noch Wiese. Ich kann wachsen, auch wenn der Wind der Vorbeieilenden durch meine Blütenzweige fährt. Ich bin widerstandsfähig, ich bin hart im Nehmen, meine Blütenzweige lassen sich schwer abreißen. Du brauchst ein Messer oder eine Schere. Deine Kraft alleine genügt meist nicht. Ich wachse auch, wenn einmal über mich hinweggefahren wird und ich wachse auf dem Boden, der durch viele Füße und Räder fest geworden ist. Meine Wurzeln treiben trotzdem durch den Untergrund, gegen allen Widerstand.

Dies sind meine Kräfte, die ich dir mit auf deinem Wege geben kann: Geduld, Ausdauer, Beharrlichkeit, Zähigkeit, Durchhaltevermögen, besonders wenn man nirgends recht dazugehört, am Rande der Gesellschaft steht, alle an einem vorbeigehen, ihren eigenen Zielen folgend. Und nur wenige die Schönheit im Vorbeieilen erkennen und würdigen.

Ihr benutzt die Wurzeln meiner Schwestern, um sie in der Dunkelheit des Winters und des Kellers zu einem schmackhaften und gesunden Gemüse und Salat (Chicorée) treiben zu lassen. Nutze sie, denn auch sie entfalten diese Kräfte.

Affirmation: Mein Weg aus .... endet jetzt!
(Beispiele: aus den Blockaden, aus den Schwierigkeiten, aus den Hindernissen, aus dem Alleinsein, aus der Einsamkeit, aus der Ungerechtigkeit, aus der Verfolgung, aus dem Asyl).

*

Als ich mich auf den Weg machte, die Wegwarte für die schamanische Trommelreise zu holen, begegnete ich einer Kreuzotter. Es ging auf den

Abend zu und sie überkreuzte gerade den geteerten Weg von einem Golfplatz zum Wald. Ich war erstaunt, denn es war schon etwas kühl und ich hätte eine Kreuzotter eher an heißen Tagen in der Nähe von Felsen vermutet als hier, wo in dem Wald ein morastiger Boden war, auf dem nach Regen das Wasser stand. Sie hielt in ihrer Bewegung inne, als sie mich bemerkte, und ich blieb ebenfalls erstaunt stehen. Wir musterten uns gegenseitig eine Weile. Als ich dann um sie herumging, um meinen Weg fortzusetzen, begann auch sie unmittelbar wieder dem Wald zuzustreben.

Begegnet man einer Schlange im Traum oder in der Realität, dann deutet das auf eine Entwicklung hin, so wie die Schlange in der Schöpfungsgeschichte eine Entwicklung in Gang setzt – die Erkenntnis von Gut und Böse. Eine Entwicklung, die bereits von Anfang an beabsichtigt war. Professor Friedrich Weinreb[2] schreibt dazu in einem seiner Bücher über hebräische Bibelauslegung, dass die Indonesier sagen, wenn man einer Schlange begegnet, dann zieht man demnächst um.
Eine seltene Begegnung auf dem Weg – ausgerechnet als ich die Wegwarte holen wollte.

2 Siehe Literaturverzeichnis

Ringelblume

10. Die Ringelblume – die Ordnung

Ich bin die Ringelblumenfee. Ich habe starke Kräfte, wie die kräftige Farbe meiner Blüten, gelb wie die Sonne, orange wie die Glut des Feuers.

Fette Salben werden von mir gemacht zur Heilung von allerlei Blessuren. Ich bin für meine Heilkraft bekannt und stehe in vielen Bauerngärten, auch wegen meiner schönen leuchtenden Blüten. Ich bin eine Zierde. Ich wachse problemlos, selbst in Töpfen kannst du mich ziehen. Ich ziere auch gerne deinen Balkon. Ich liebe die Gesellschaft der Menschen und ich bin gerne in ihrer Nähe. Erfreue dich an meinem Anblick. Ich blühe lange immer wieder und säe mich selbst aus mit meinen geringelten großen Samen.
In der Natur findest du mich nicht. Ich bin eine weitgereiste Pflanze. Die Römer brachten mich einst mit und die Germanen lernten mich schätzen.
Für Hautkrankheiten, Verletzungen und Entzündungen kannst du mich verwenden, wie es deine Vorfahren schon taten. Ich bin auch Balsam für die Seele, die Verletzungen, die zu den Hautkrankheiten führen. Ich höre dir zu und tröste dich.
Was hat dich so verletzt, dass deine Haut brennt, juckt, aufreißt, anschwillt und schmerzt? Wer hat dir diese Wunden zugefügt, mein Kind? Ich bin zwar eine einfache Bauernpflanze und kann mich nicht vergleichen mit den duftenden Rosen, aber meine Weisheit ist von einer tiefen Verbundenheit mit Mutter Natur, einfach und bodenständig. Ich bin keine hochtrabende Philosophin, ich wachse und gedeihe, wo man mich aussät, treibe viele Blüten und trage noch viel mehr Samen für das nächste Jahr. Und so komme ich jedes Jahr wieder über Jahre, Jahrzehnte, Jahrhunderte, Jahrtausende.

Meine Samen hielten schon die Römer und andere Völker vor ihnen in den Händen.

Was kann ich für dich tun? Was kann ich dir erzählen?

Jeden Tag geht die Sonne auf, jeden Abend geht sie unter. Die Bauern stehen jeden Morgen auf und melken und füttern die Kühe, misten die Ställe aus und sehen nach dem Rechten. Sie kümmern sich um die Felder, das Obst und Gemüse. Sie tun, was getan werden muss, was ihre Aufgabe ist, jahrein, jahraus. Sie tun es im Kreislauf des Tages und im Kreislauf des Jahres. So wie ich täglich morgens meine Blüten öffne und abends wieder schließe, so wie ich erst Blätter, dann Blüten treibe und anschließend Samen – säen, pflegen und ernten.
Nur wer sich um die Saat kümmert, erntet auch. Es sind die Ordnungen der Natur. Nur wer im Frühjahr sät, pflanzt und im Sommer, wenn es zu trocken ist, gießt, das Unkraut jätet, kann im Herbst ernten. Wer im Winter sät und im Frühjahr ernten möchte, dessen Körbe und Säcke werden leer bleiben. Nur wer sich an die Ordnung hält, wird Erfolg haben und ernten können.

Heute leben viele Menschen in den Städten. Tag und Nacht hell erleuchtet, so dass man in der Nacht die Sterne fast nicht mehr wahrnehmen kann. Viele Menschen arbeiten nachts, wo man doch schlafen sollte. Der gemeinsame Rhythmus geht verloren. Die Familien treffen sich noch nicht einmal mehr zum gemeinsamen Essen.
Was ist mit euch passiert, dass ihr die Ordnungen der Natur nicht mehr einhaltet, ja noch nicht einmal mehr wahrnehmt und meint, ständig und überall dagegen verstoßen zu können? Ihr glaubt, dass das ohne Folgen bleiben wird? Wer die Ordnung nicht einhält, dessen Ernte wird arm sein.

Meine Botschaft für dich

Wenn du mich gewählt hast, dann lebst du in einer Zeitspanne, in der die Ordnung in deinem Leben verloren gegangen ist. Nichts ist mehr so, wie es war. Chaos regiert und du bemühst dich, um wenigstens etwas Ordnung aufrechtzuerhalten, was dir viel Kraft abverlangt. Aber du kannst gewiss sein, dass nach Chaos Ordnung folgt und nach Ordnung wieder Chaos. Denn nur das Chaos führt zu Veränderungen, die zu einer Weiterentwicklung führen. Würde immer alles in Ordnung verharren, würde sich nichts ändern, würde keine Notwendigkeit bestehen, etwas zu verändern und eine Weiterentwicklung zuzulassen. Es wäre ein Stillstand.

Das Chaos, das dadurch entsteht, dass ihr die Ordnung der Natur nicht mehr einhaltet, wird euch früher oder später dazu zwingen, euer Verhalten zu ändern. Ich werde dir gerne beistehen, die Kraft zu erhalten, damit du das Chaos bewältigen kannst und zu einer Ordnung im Innen und Außen zurückfinden kannst. Das Chaos entzieht dir den Boden unter den Füßen. Ich helfe dir, standfest zu werden und Durchhaltevermögen zu erlangen.

Ich helfe dir, einen Zeitplan zu erstellen, bei dem du Atem schöpfen kannst und die Ruhe und Pausen findest, um dich zu erden.

Ich helfe dir, das Notwendige zu tun, damit die Ordnung zurückkehren kann. Ich helfe dir, einen Weg zu finden, die richtigen Schritte einzuleiten, um einen gesunden Rhythmus zu finden, so wie ich meine Blüten täglich öffne und schließe, und wenn Regen im Kommen ist, ich darauf rechtzeitig reagiere und nicht erst, wenn Tropfen in meine Blüten fallen.

Ich helfe dir, die Verletzungen zu heilen, die man dir zugefügt hat. Ich helfe dir, Trennungen zu überwinden, Trennung zuzulassen, dich von Dingen oder Personen lösen zu können, Ballast abzuwerfen, um Ordnung zu erhalten. Manchmal ist es nötig auszumisten, wie der Bauer es täglich im Stall tut. Der Mist wird zu wertvollem Dünger werden für

das Wachstum in der Zukunft. Nichts geht tatsächlich verloren. Es ist nur eine Wandlung.
Ich helfe dir, zu erkennen, was losgelassen werden sollte, was du in der Zukunft nicht mehr nötig hast – ob es Dinge, Personen oder Verhaltensweisen sind.
Ich helfe dir, zur Essenz deines Lebens vorzudringen, das, was tatsächlich wichtig ist. Und du wirst sehen, wie die Ordnung wie von Zauberhand zurückkehrt.
Nicht nur im Außen zu entrümpeln, sondern auch innerlich leer zu werden schafft Raum und Ordnung. Du wirst leicht, dein Leben wird leicht.
Zur Ordnung gehören nicht nur die Gesetzmäßigkeiten der Natur, sondern auch die Regeln, die ihr untereinander aufgestellt habt. Wie könnt ihr erwarten, dass das Zusammenleben funktioniert, wenn sich nur noch wenige daran halten. Jeder von euch hat die Aufgabe, diese Regeln einzuhalten, aber auch die Einhaltung von euren Mitmenschen zu fordern. Beides ist vonnöten, ansonsten entsteht ein Ungleichgewicht und Chaos. Auch eure Gesetze und Regeln sind Teil der göttlichen Ordnung und nicht außerhalb. Sie können gar nichts anderes beschreiben als diese. Ich betone noch einmal ausdrücklich: Die Nichteinhaltung eurer Gesetze führt zum Chaos. Wenn du also Chaos erlebst, das durch Ungerechtigkeiten entstanden ist, dann wurden die Gesetze gebrochen. Dann herrscht die Lüge. Suche also die Wahrheit.
Es ist nicht nur wichtig, Ballast abzuwerfen, sondern auch die Wahrheit zu suchen, um Ordnung zu erhalten. Sie ist ein Teil der wahren Essenz des Lebens.
Die Unordnung bedeutet auch Krieg. Krieg ist die Aufhebung jeglicher Ordnung, jeglicher Gesetze und Regeln. Im Krieg herrscht die Lüge. Das Gegenteil davon ist Frieden. Du suchst also nicht nur Ordnung, sondern auch Frieden. Der Frieden liegt wiederum in der Wahrheit und in der Einhaltung der Regeln und Gesetze.

Ich stehe dir bei, die Wahrheit zu finden für deinen inneren und äußeren Frieden.
Deshalb ist es so wichtig, dass nicht nur du dich an die Regeln hältst, sondern auch deine Mitmenschen. Meine goldenen Blüten wurden als Symbol der Sonne betrachtet, als Symbol für das goldene Licht. Ich helfe dir, die Wahrheit ans Licht zu holen, um die Ordnung und den Frieden wieder herzustellen. Die Lüge muss sich verbergen, sie lebt gerne im Dunkeln. Ich bringe dir das Licht ins Dunkel, so dass sich die Lüge nicht mehr länger verbergen kann (und wenn es eine Lebenslüge sein sollte). Die Erkenntnis wird vielleicht schmerzlich sein, wie eine Erstverschlimmerung, aber ich bin mir sicher, dass du die Kraft haben wirst, mit der Erkenntnis zu leben, dass es der Dünger sein wird für deine glanzvolle goldene Zukunft.
Ich bin zwar eine einfache Bauernblume, aber ich weiß, dass das Wichtigste im Leben die Beachtung der Regeln und Gesetzmäßigkeiten ist. Ohne die sind kein Leben und kein Miteinander möglich. Dann kommt es eben zum Bauernaufstand mit Zerstörung, Schmerz und Verlust. Erst dann wird die Ordnung wieder hergestellt.

Suche also nach dem Kampf erst einmal die Ruhe. In dieser Phase lösen sich schon viele Unordnungen auf. Dann mit frischen Kräften kannst du dich auf den Weg machen, die Wahrheit zu finden. Die Wahrheit bringt Frieden – Frieden die Ordnung. Auch das ist ein Gesetz.

Ich bin die 10. Pflanze, ich stehe für eine neue Ordnung. Ich bin die 1 auf einer höheren Ebene, eine Weiterentwicklung. Ich bin die Ringelblume, die dir hilft, diese Ebene zu erreichen.

*

Die Ringelblume schafft Ordnung. Das ist auch bei Verletzungen der Fall: Gewebezellen wurden zerstört oder verletzt, Gewebeflüssigkeit und Blut treten aus, Keime können in den Körper eindringen und Infektionen verursachen. Die Ringelblume stellt die Ordnung wieder her, desinfiziert, stimuliert die Körperabwehr und sorgt für ein gesundes Zellwachstum, damit sich die Wunde schnell wieder schließt, indem sie z. B. Vitamin A zur Verfügung stellt. Dabei schließt sich die Wunde erst mit Bindegewebe und anschließend sorgt die Ringelblume dafür, dass das Bindegewebe mit Epithelzellen der Haut überzogen wird.

Hirtentäschel

11. Das Hirtentäschel – Geben und Nehmen

Hallo, hier ist dein Hirtentäschel. Ich war ein Diener der Hebammen und weisen Frauen. Ich habe bei der Geburt geholfen. Ich habe geholfen, dass die Kinder zur Welt kamen. Das ist eine schöne Aufgabe. Ich kann vieles. Ich kann auch helfen, Blutungen zu stillen.
Ich bin meistens eine recht kleine Pflanze am Wegesrand und doch falle ich recht auf mit meinen abstehenden Samentaschen. Meine Blüten sind winzig. Ich bin lebengebend und lebennehmend, das ist mein Thema, so wie meine Samentaschen zweiteilig sind, habe ich zwei Seiten.
Blutstillend, wehenfördernd, ich bin ein altes Kraut, das bei Verletzungen eingesetzt wurde, die Wunden reinigend, das Blut stillend. Das Blut, der Lebenssaft.
Ich bin ein Verbündeter der heilkundigen Frauen. Ich wurde oft gebraucht im Kampf und auf der Jagd, wenn es Verletzte gab. Erst half ich den Kindern, zur Welt zu kommen, dann den Erwachsenen, den Kampf zu überleben. So rettete ich vielen das Leben.

Meine Botschaft für dich

Du hast meinen Weg gekreuzt, wie kann ich dir helfen? Der Blutstrom, der Lebensstrom, die Lebenskraft. Wer fordert von dir deine Lebenskraft? Wer saugt dich aus? Wer fordert den Blutzoll von dir?

Ich helfe dir, deine Gegner zu erkennen. Ich helfe dir zu erkennen, dass von dir zu viel gefordert wurde, dass das Maß überschritten wurde, dass du zu viel gegeben hast.
Geben und Nehmen muss im Gleichgewicht sein. Wer zu viel nimmt, leidet an Gier, wer zu wenig gibt ebenfalls.

Wer zu viel gibt, sättigt die Gierigen und wird irgendwann leer sein und zusammenbrechen. Wer zu wenig erhält ebenfalls.
Es ist eine Krankheit heute unter euch Menschen und die heißt Gier. So werden nicht nur die Mitmenschen ausgeplündert, sondern auch die Natur, die Mutter Erde. Die Gierigen nehmen und nehmen und nehmen und Mutter Erde ächzt unter dem Sog. Werdet ihr die Antwort, die eines Tages kommen wird, vertragen? Wenn Mutter Erde nichts mehr zu geben hat?

Wenn du meinen Weg kreuzt, dann wurde deine Lebenskraft von dir gestohlen, denn nichts anderes ist es, wenn Mitmenschen auf Raubzug gehen. Sie raubten, was dir gehört, und du hast nichts dafür erhalten. Du magst vielleicht gut verdient haben an Geld, aber das wog deine Lebenskraft nicht auf. Du hast es zu spät gemerkt und liegst nun erschöpft am Boden, noch nicht einmal wirklich fähig darüber nachzudenken, was dir angetan wurde, wer es war, welcher Vampir dein Blut nahm.
Das, was Mutter Erde angetan wird, widerfährt dir gerade. Wie im Kleinen, so im Großen.

Ich bin dein Verbündeter im Kampf um das Gleichgewicht, ich gebe dir die Weisheit, die im Geben und Nehmen liegt. Ich helfe dir, dass du die Kraft findest, den Griff der Gier nach dir zu beenden. Ich helfe dir, dass es anderen nicht mehr möglich wird, deine Lebenskraft anzuzapfen, und dass du erkennen kannst, dass auch hier zwei dazu gehören, die einen, die nehmen, und die anderen, die es sich nehmen lassen. Ich helfe dir, dass du deine Grenzen erkennst, dass du lernst diese Grenzen in Zukunft einzuhalten und zu respektieren. Ich bin der Hüter der Lebenskraft und helfe dir gern. So wie der Schäfer seine Schäfchen hütet, so werde ich dich behüten und beschützen.

Es ist die Frage, warum du nicht gelernt hast deine Grenzen zu respektieren, warum du nicht gelernt hast nein zu sagen, warum du dich nicht selbst respektierst?
Lerne respektvoll mit dir umzugehen. Lerne auf dich zu hören, lerne auf deine innere Stimme zu hören. Du kannst viel lernen von deiner inneren Stimme, von dir selbst.

Deine Reise zu dir selbst ist eine Heimkehr, eine weite Wanderung in der Welt und eine Rückkehr nach Hause. Und wie ein Wanderer wirst du viele Eindrücke und Erlebnisse mit nach Hause bringen. Und ich werde dich begleiten, wie ein Schäfer, der seine Schafherde durch die Landschaft führt und am Ende des Jahres zum Stall für die Winterpause zurückkehrt. Da stehen sie nun und warten, bis es wieder Frühling wird. Und das Stroh mit dem Dung unter ihren Beinen wird derweil immer höher. So wartet nun auf dich eine Pause, eine Zeit der Erholung, des Kräftesammelns, so dass deine Erfahrungen zum Dünger deines Lebens werden. Und wie der Schäfer werde ich dir in dieser Zeit das Futter für deine Lebenskraft bringen. Und eines Tages wird es so weit sein, dass du die Last, die zu viel auf deinen Schultern lag, endgültig abschütteln kannst, wie die Schafe nach der Schur im Frühjahr, wenn die Tage schon wieder länger und wärmer geworden sind und ein neuer Sommer wartet. Nun bist du bereit für einen neuen Anfang, für ein neues Leben, das Alte hinter dich lassend, wie die Schafe ihre Wolle. – Gebend und nehmend im Gleichgewicht, sich selbst respektierend – sich selbst achtend. Das ist die Weisheit des Hirtentäschels.

Affirmation: Ich nehme – ich gebe – ich bin im Gleichgewicht.

*

Als ich mitten in der Arbeit für dieses Buch war, traf ich eine Bekannte. Ich ließ sie eine Zeichnung auswählen und sie wählte das Hirtentäschel.

Ihr Hauptproblem war, dass sie völlig ausgelaugt war von ihren Kindern. Der Ältere war drei Jahre und das Jüngste sechs Monate und schrie seit Wochen sehr viel, vor allem in der Nacht durch das Zahnen. Nachdem sie Hirtentäschel in der Natur gefunden hatte und mit nach Hause nahm, fand sie prompt eine Frau, die die Kinder mal ein paar Stunden betreute.

Ich fand anschließend in der Signaturenlehre[3] die Bestätigung des Textes: Von Gärtnern eher als Unkraut betrachtet ist das Hirtentäschel eine nach außen hin unscheinbare Pflanze. Es entfaltet seine Wesensart nach innen. Dort versammelt das Hirtentäschel seine Lebenskräfte und begrenzt ihr ungehindertes Verströmen nach außen. Sie bewahrt die kostbaren Lebenssäfte vor zu starken Verlusten. Diese Pflanze entfaltet ihre Wirkung bei solchen Menschen, die sich grenzenlos verausgaben und dadurch einen Vitalitätsverlust bis hin zur Auszehrung erleiden. Der Kräftehaushalt wird nicht mehr in Balance gehalten. Bei Blutverlusten, die den Organismus bis zur Bedrohlichkeit schwächen, wirkt das Hirtentäschel auf der körperlichen Ebene wie keine andere Heilpflanze, denn Blut ist der Träger der Lebenskraft. Auch die vielen winzigen weißen Blüten sind weder Blickfang für unsere Sinne noch verströmen sie anziehende Düfte. Alles an der Heilpflanze ist schlicht gehalten, sie möchte sich nicht nach außen darstellen. Das Hirtentäschel achtet darauf, seine Kräfte in einem reichen, inneren Vorrat zu bewahren.

Heute ist Burnout leider zu einer allgemeinen Erscheinung geworden. Immer mehr Menschen klagen darüber, überfordert zu sein. Der Druck auf die Menschen am Arbeitsplatz wird teilweise bereits im strafrechtlichen Sinne als Körperverletzung ausgeübt und die Betroffenen schickt man zum Psychiater anstatt zu einem Arbeitsmediziner, als seien die Betroffenen psychisch krank. Sie bekommen Psychopharmaka und

---

3Signaturenlehre - Hirtentäschel: www.pekana.de

Antidepressiva, anstatt dass man das Problem am Arbeitsplatz löst. Sich vor diesen Übergriffen zu schützen wird immer wichtiger werden, bevor lebensbedrohliche Stoffwechselveränderungen auftreten. Aber auch der Druck auf die Mütter mit Kindern, besonders wenn sie noch klein sind, ist enorm. Die Großfamilie, in der vieles abgepuffert werden konnte, existiert nicht mehr. Die Großeltern sind oft weit weg, weil die Familien den Arbeitsplätzen nachgereist sind. Dazu kommt, dass die Frauen ihre eigene Rolle anders sehen und Karriere, Partnerschaft und Kinder erfolgreich auf die Reihe bringen wollen. Da sollte doch das Beispiel des Hirtentäschels helfen, sich auf das zu besinnen, für was man sich entschieden hat zu nehmen, und die Kräfte, die man zur Verfügung hat, dort einzusetzen und sich nicht in zu vielen Dingen zu verausgaben. Bescheidenheit hilft, die Kräfte zu wahren, besonders in der heutigen Zeit, in der Zeit der unbegrenzten Möglichkeiten, in der jeder gefragt ist, sehr bewusst Grenzen für die eigene Gier und die Gier der anderen zu setzen.

Kamille

12. Die Kamille – Sanftmut, der Ausweg und die Selbstfindung

Ich bin die Kamille. Ich verströme meinen Duft um mich. Meine Blätter sind zart, meine Stängel sind dünn, meine Blüten haben ein schönes gelbes Köpfchen, weich wie ein Ruhekissen. Ich bin beruhigend in einer unruhigen Zeit und ich beruhige Entzündungen. In der Natur bin ich kaum noch zu finden. Ich teile dieses Schicksal mit vielen anderen Pflanzen. Meine Heimat waren Brachflächen, Ödplätze, Schutthalden, offenes Gelände. Meine Anwesenheit erkennst du schon von weitem an meinem Duft.

Ich bin eine alte Heilpflanze und werde heute noch geschätzt. Ob Magenverstimmungen, Halsweh oder offene Wunden, ich bin dir gerne zu Diensten. Ob als Tee, als Bad oder im Dampf, ich bin eine weise Frau, ich gehöre in den Wissensschatz der weisen Frauen. Ich heile die Haut und die Schleimhäute, ich heile innen und außen. Heißes Wasser löst meine Stoffe.

Ich sorge für Entspannung und für Schlaf, wenn dich eine Krankheit ins Bett zwingt. Ich entführe dich in mein Schloss, in meine Traumwelt. Ich kann dir helfen, im Schlaf Heilung zu finden, und beruhige deine Gedanken. Alle Aufregungen, die vor deiner Krankheit waren und zu deiner Krankheit geführt haben, entführe ich in deine Träume und löse sie auf. Ich bin wie Schneewittchen hinter den sieben Bergen, ich heile durch Geschichten, die ich dir im Traum erzähle. Mein Duft, meine Aromastoffe, genauso flüchtig wie deine Träume, sorgen dafür.

Komm zu mir und erzähle mir deine Geschichte, ich höre dir gerne zu. Im Traum schicke ich dir Botschaften und heile deinen Geist, so dass anschließend dein Körper heilen kann.

Ich höre gerne deine Geschichten, deine Erlebnisse, Abenteuer und Aufregungen und nehme sie mit in meine Traumwelt, mache neue Geschichten daraus, zeige dir einen Weg aus Sackgassen und Schwierigkeiten.

Ich bin eine Wandlerin, Schauspielerin, Schriftstellerin, Künstlerin, ich bin eine Fee. Ich nehme neue Formen an, ich fliege mit dir. Aber wenn du aufwachst, kannst du dich meistens nicht mehr daran erinnern. Ich bin deine Traumfee. Wenn du wach bist, kannst du dann entscheiden, ob meine Ideen hilfreich für dich sind. Meine Ideen lockern deine festgefahrenen Gedanken, so dass du neue Wege gehen kannst, offen wirst für andere Möglichkeiten.

Ich bin eine Malerin wie van Gogh, wie Salvador Dali, ich liebe das Surreale. Ich bin bei dir, um auch aus dir eine Künstlerin, einen Künstler zu machen, und wenn es nur für ein paar Stunden, für einen Traum lang ist. Komm mit mir, fliege mit mir und nimm dein Leben nicht so schwer. Werde leicht wie meine Blätter, wie mein Duft. Lass dich dahintragen vom Wind und genieße die leichte Sorglosigkeit. Ich sorge dafür, dass du die schweren Fieberträume allmählich hinter dir lassen kannst, dass aus der brütenden Sommerhitze in dir ein lauer Sommerabend wird. Ich sorge dafür, dass du mit frischen Kräften wieder ans Werk gehen kannst, gereinigt innen und außen und in deinen Gedanken.

Meine Botschaft für dich

Mein Bild ist zu dir gekommen und erzählt dir, dass du in einer Lebensphase steckst, die voller festgefahrener Probleme und Aufregung ist, und du das Gefühl hast, die Probleme und Aufregungen nicht bewältigen zu können. Sie scheinen zu groß und lasten wie ein Berg auf dir. Du findest keinen anderen Weg. Vielleicht hast du ja sogar schon eine Lösung gefunden, aber sie wurde wieder zunichtegemacht.

Ich bin die Kamille, ich bin deine Traumfee und werde dir helfen, deinen Traum Wirklichkeit werden zu lassen. Ich gebe dir Leichtigkeit der

Gedanken, ich zeige dir, dass das Leben nicht schwer sein muss. Ich gebe dir die Kraft, dass du neue Ideen umsetzen kannst, dass du den Mut hast, die neuen Ideen vorzutragen, dass du anfängst eine Lösung ins Auge zu fassen, dass du deine Probleme nicht mehr als Probleme siehst, sondern als Chance zur Veränderung.

Ich bin wie ein Ruhekissen, auf das du dich legst, um in aller Ruhe darüber nachdenken zu können, welche Möglichkeiten es gibt. Ich gebe dir die Entspannung, die die Ideen sprudeln lässt und dich wie ein Künstler, der von seinem Kunstwerk inspiriert ist und mit Feuereifer an die Arbeit gehen lässt. Lass dein Leben zu einem Kunstwerk werden und gehe mit Feuereifer ans Werk. Du wirst sehen, wie leicht es dir wird. Ich bin eine Künstlerin, meine Blüten färben den Tee golden, sie färben die Haare goldstrahlend. Ich tauche dein Leben in eine goldene Farbe wie die Sonne.

Ich bin eine sanfte Brise der Liebe, die dich umfängt und dich tröstet in deinem Schmerz und Elend, die dir Hoffnung gibt auf das Licht am Ende des Tunnels. Mein Duft trägt dich davon, diesem Licht zu, das dich wie eine liebende Mutter ganz sanft in deine Arme schließt und dir einen Kuss auf deine heiße Stirn drückt, dein erhitztes Gemüt abkühlend, erhitzt wie nach einem Dauerlauf in der Sonnenhitze.

Ich bin die Kamille, eine sanfte Liebe. Spüre meine sanfte Liebe, die mit meinem Duft deine Wangen streichelt, die immer da ist, wie eine liebende Mutter, wie ein liebender Vater, die dich aufheben nach einem Sturz und dir einen Hinweis auf einen besseren Weg geben, die deine Tränen trocknen und deinen Zorn auf dich selbst, auf dein Missgeschick und Selbstmitleid wegwischen, die dich auffangen, wenn du strauchelst.

Ich bin wie ein Liebesgedicht, wie Poesie, wie ein Liebeslied, das dir an einem lauen Sommerabend zugetragen wird. Genieße es, trinke es, atme und sauge es in dir auf, lass es in dein Herz strömen und dein Herz wird dir sagen, wo deine wahre Leidenschaft liegt, wo dein Herz begraben liegt, wo du in Zukunft sein möchtest, wer du in Zukunft sein möchtest. Lass deinen Traum Wirklichkeit werden. Dein Herz weiß, wo deine wahre Leidenschaft liegt. Ich helfe dir – dein Herz zu finden – dich selbst zu finden – ich liebe dich!

So wie ich die Landschaft umgarne mit meinem Duft, so bin ich bei dir, reinigend, desinfizierend, alles Negative beseitigend. Pflanze und säe mich in deinem Garten, so dass ich meine Arbeit tun kann in der Landschaft, meinen Duft verströmend, heilend, eure Gedanken reinigend, besänftigend.
Trocknet mich, hängt mich in Säckchen auf, wo immer Spannungen auftreten. Ich komme in eure Träume und bringe euch auf den rechten Weg, den Weg eures Herzens. Sorgt für Kräuterecken in Kindergärten und Schulen. Auch dort werde ich dringend gebraucht, um festgefahrene Situationen zu lösen, Leichtigkeit zu bringen, Wut und Aggressionen zu beseitigen.
Es ist so einfach, die Tore zu öffnen für neue Wege. Gebt meine getrockneten Blütenköpfchen in kleine Kissen und gebt sie in eure Taschen und Schulranzen. Auch wenn ihr denkt, dass man mich da nicht riechen kann, so bin ich trotzdem unter euch. Ihr werdet merken, wie sich die Stimmung ändert. Ich kann euch zuhören und ihr werdet mir zuhören. Ihr werdet mir zuhören mit eurem Herzen, mit eurer Liebe und neue Tore öffnen.
Früher war ich in jedem Bauerngarten. Ich war ein gern gesehener Gast. Holt mich zurück, ich werde es euch danken.

*

Die Kamille wurde in der skandinavischen Mythologie dem Gott Balder (oder Baldur) geweiht, der für die Sonne, für Licht und Liebe steht, vergleichbar mit dem griechischen Sonnengott Apollon. Ihr Name ist dort „Baldursbra“, was „verwandt oder dem Baldur gleichend“ bedeutet. Er war der barmherzigste und sanfteste aller Götter, der Schöne und der Gute. Jörgen I. Eriksson beschreibt in seinem Buch „Runenmagie und Schamanismus“ die Rune Sol, die für die Sonne und das heilige Wesen Balder steht, und bringt sie mit dem Herzen und der Liebe und der fürsorgenden Liebe der Eltern und Selbstlosigkeit in Verbindung.

Bezeichnend ist, dass die Kamille zufällig die 12. Pflanze war, die ich verrieb. Die Zahl, die für die Anzahl Monate in einem Sonnenjahr steht.

Sumpfschachtelhalm

13. Der Sumpfschachtelhalm – Reinigung, Klarheit, Struktur

Hallo, hier ist der Sumpfschachtelhalm. Ich liebe das Wasser, ich stehe auch gerne im Wasser, ich brauche feuchten Boden, um in die Höhe wachsen zu können. Wachstum ist mein Thema. Ich schiebe meine Stängel Stück für Stück nach oben und meine Blätter nach außen. Abschnitt für Abschnitt, Phase für Phase. Ich habe das schon immer so getan.

Ich bin eine extrem alte Pflanze auf dieser Erde. Ich füllte ganze Wälder mit Bäumen, riesig. Meine Art ist also sehr erfolgreich. Meine Weisheit kann auch sehr erfolgreich für dich sein. Ich bin strukturiert und gebe Struktur. Ich bin die Ordnung im Chaos. Du siehst schon von außen eine klare Ordnung, erkennst sie schon von weitem. Jeder Abschnitt an meinem Halm hat eine klare Grenze. Und erst nach einem neuen Wachstumsschub nach oben breite ich mich erneut aus. Ein neuer Lebenszyklus.

Ich liebe den Tau an meinen filigranen Blättern. Sie hängen wie glasklare Perlen daran und spiegeln die Umgebung, so wie ich mich im Wasser spiegle.

Wasser, Klarheit und Struktur, das bin ich. Wasser bedeutet Anpassungsfähigkeit. Ja, ich habe mich über Jahrmillionen angepasst, das ist mein Erfolgsrezept. Mein Halm ist innen hohl, dadurch biegsam und stabil. Ich enthalte Silicium, auch das steht für Struktur und Klarheit, wie der Bergkristall, der auch aus Silicium ist. Euer Körper braucht ebenfalls Silicium, um Struktur zu erhalten, damit ihr aufrecht stehen könnt wie ich. Meinesgleichen ist sehr gesellig und so stehen wir gerne dicht nebeneinander, jeder in seiner Struktur. Jeder seinen Platz einnehmend in der Gruppe. So bildeten wir auch die Wälder.

Wir fallen auf mit unserer besonderen Form, wir sind so anders als andere Pflanzen. Aber wir lieben es, unsere Form zu wahren. Wir haben unsere Form seit Millionen von Jahren bewahrt, so dass ihr Menschen uns heute noch bestaunen und bewundern könnt. Einfach und doch schön. Eine einfache Eleganz. Eine Ordnung im Chaos. Eine Ordnung, aus der im Chaos die Schöpfung entstand. Weil wir schon so alt sind, sind wir schon so lange dabei.

Wir tragen das Silicium, das auch der Hauptbestandteil und damit die Struktur von Mutter Erde ist. Der Sand besteht zum größten Teil aus Silicium. Heute verwendet ihr es in der Technik, Uhren, Solarzellen, Elektrotechnik usw. Wir gaben der Natur eine Struktur und eine Ordnung mit unseren Schachtelhalmwäldern der Frühzeit. Wir sind die Kumpane der Dinosaurier gewesen. Wir legten den Grundstein zum Aussehen der Natur von heute. Wir schafften Ordnung im Chaos.

Ordnung in dir selbst schafft Ordnung im Außen. Wir tragen die Ordnung in uns und schafften damit die Ordnung im Außen. Wir banden die giftigen Stoffe der Luft und brachten sie in den Boden zurück. So wurde die Luft für die Tiere zum Atmen fähig. Das tun die Bäume heute noch. Sie reinigen die Luft. Heute bringt ihr diese Giftstoffe über das Erdöl wieder in die Luft und in die oberen Boden- und Wasserschichten. Es ist das, was wir gebunden hatten, das ihr nun wieder freisetzt und daraus noch giftigere Stoffe produziert, die die Pflanzen und Tiere vergiften und vernichten.

Ist das weise?

Ihr macht unsere Arbeit von Jahrmillionen zunichte, wie das Chaos die Ordnung zerstört.

Wir sind hier, um euch daran zu erinnern, wie wichtig es ist, eine Ordnung zu wahren, dass zwar Chaos nötig ist, um eine Weiterentwicklung zu ermöglichen, aber dass nur Chaos alles zerstört und Rückschritt statt Entwicklung bedeutet.

Ihr geht heute auf eine gefährliche Gratwanderung, auf der ihr dabei seid, ins totale Chaos zu stürzen, was die gesamte Entwicklung auf der Erde zerstören könnte. Bedenkt die nächsten Schritte genau, die ihr gehen werdet. Der Abgrund ist nahe und fürchterlich. Wir sind da, um euch daran zu erinnern, dass ihr die Verantwortung für die Vernichtung, für die gesamte Schöpfung und Jahrmillionen der Entwicklung von Pflanzen und Tieren tragt, die euch erst das Leben ermöglicht haben, wenn ihr auf eurem jetzigen Weg bleibt.

Meine Botschaft für dich

Du hast mich gewählt. Du sehnst dich nach Weisheit in deinem Leben, nach Ordnung und Struktur. Du verstehst nicht, warum so viel Chaos herrscht und du es nicht schaffst, in dir selbst Ordnung zu schaffen. Deine Unordnung im Innern lässt dich nur Unordnung im Außen erkennen. So wie ich Schachtelhalm mich im Wasser spiegle und mich in meinen Nachbarn wiedererkenne. Ich sehe nur das, was ich selbst bin. Du siehst nur das, was du selbst bist.

Indem du Ordnung und Struktur in dir selbst schaffst, wirst du die größere Ordnung und Struktur im Chaos um dich herum wahrnehmen. Dann bist du bereit zu wachsen, eine nächste Entwicklungsstufe zu nehmen.

Es ist ein Reinigungsprozess, ein innerer Reinigungsprozess. So wie wir Schachtelhalme einst die Luft und den Boden säuberten von den giftigen Schwefelprodukten und anderem, so musst du dich reinigen und Ordnung schaffen. Ich helfe dir dabei, das Wasser in dir zu reinigen, die Struktur in dir durch Silicium zu schaffen, so dass Ordnung im Chaos entsteht, du schließlich die Ordnung im Chaos im Draußen erkennst.

Wenn ein Kind eine verbogene Wirbelsäule entwickelt, dann fehlt oft die Ordnung im Außen, in der Familie, ein Zusammenhalt. Die Ordnung in der Familie ist gestört oder zerstört. Die Orientierung ist verloren gegangen. Der gerade Weg nach oben nicht erkennbar, er liegt unter dunklen Schwefelwolken verborgen, das Licht oben ist nicht mehr zu sehen. Das Spiegelbild fehlt. Es kann sich selbst und in seinen Nachbarn nicht mehr erkennen. Es sucht selbst nach einem Weg und irrt umher. Die Stabilität der Familie ist verloren gegangen. Wie soll sich da ein gerades Wachstum entwickeln?

Irrst du auch umher im Chaos? In den dunklen Schwefelwolken? Im Pulverdampf von Auseinandersetzungen? Je mehr Chaos, umso mehr Streitereien und Krieg.
Ich helfe dir, Struktur wiederherzustellen und Strukturen zu erkennen. Ich helfe dir, Ordnung zu schaffen und die Luft und das Wasser um dich zu reinigen.
Du hast mich gewählt, dann ist die Luft um dich herum verschmutzt und das Wasser in dir verunreinigt, übersäuert, so sauer wie deine Umgebung und du stehst in einem stinkenden Tümpel, der alles andere als ein glasklares Wasser enthält. Aber so wie ich in Urzeiten fähig war, das Wasser und die Luft zu reinigen, wirst es auch du schaffen, für Klarheit um dich herum zu sorgen und die Verunreinigungen zu binden und zu entsorgen. Du schaffst dann nicht nur Klarheit für dich selbst und in dir selbst, du bist ein Spiegel für die anderen. Klar wie ein Bergkristall, klar wie ein Gebirgsbach. Du sorgst dafür, dass sich der klare Himmel wieder im klaren Wasser unter dir spiegeln kann.
Ich helfe dir, dass das Wasser in dir zu einem klaren Gebirgsbach wird, dass dadurch wieder Struktur aufgebaut werden kann und deine Rückenschmerzen bei der Aufrichtung verschwinden, dass du wieder gerade wirst und nach oben streben kannst, ohne Verbiegungen zur Seite, ohne dass du dich verbiegen musst. Ich bin dir eine Richtschnur. Ich gebe dir eine Richtung. Richtung kommt von richtig und Recht. Und

Recht sorgt für Ordnung im Chaos, für Struktur. Gerechtigkeit sorgt für Ordnung und Frieden, auch Frieden in der Familie.
Ich bin der Sumpfschachtelhalm und ich trage die glasklaren glitzernden Wassertropfen wie Schmuckstücke, wie Diamanten. Ich liebe sie, wie sie den blauen Himmel widerspiegeln, wie sie das Licht in Regenbogenfarben aufspalten. Das Licht enthält alle Farben, so wie die Ordnung das Chaos enthält und umgekehrt.
Und ich kann selbst solche Wassertropfen an meinen Blättern entstehen lassen, lauter kleine Spiegel. Die dann, wenn sie zu groß werden, auf den Boden oder ins Wasser fallen oder von der Hitze des Tages aufgesogen werden, um die Luft zu befeuchten. Ein ewiger Kreislauf zwischen Kondensation und Verdunstung, ein ewiger Kreislauf zwischen Wachstum und Stagnation, zwischen Sommer und Winter.

So stehe ich genau zwischen Chaos und Ordnung und halte beides wie eine Waage im Gleichgewicht. Ich gebe dir die Weisheit, zwischen Chaos und Ordnung zu leben, zwischen Struktur und Auflösung und beides annehmen zu können, das eine im anderen zu sehen.

*

Der Sumpfschachtelhalm war zufällig die 13. Verreibung für das Buch und das Orakel. Die 13 steht außerhalb der Zeit, sagt die hebräische Überlieferung. So hat Jesus zwölf Jünger und er selbst ist der 13., der die Zeit verlässt, der über der Zeit steht (auf dem Wasser laufen kann – Wasser symbolisiert den Fluss der Zeit, so heißt Moses: der aus dem Wasser Gezogene – auch er wird aus dem Fluss der Zeit herausgenommen: Bücher von Prof. Friedrich Weinreb, siehe Literaturverzeichnis).

Der Schachtelhalm ist wirklich zeitlos, denn er existiert schon seit ca. 270 Millionen Jahren. Was mich fasziniert hat an dem Text, dass man Schachtelhalmtee tatsächlich gegen Übersäuerung nehmen kann, und

der Hinweis über die Aufgabe des Schachtelhalmes in der Urzeit. Er tut seine Aufgabe heute noch. Und so reinigt er auch die Harnwege, Blase und Niere, die Verbindung zum Wasser, in dem er so gerne steht. Der Blasenmeridian läuft in der Akupunkturlehre an der Wirbelsäule entlang und hat natürlich deshalb auch mit der Aufrichtung und mit Rückenschmerzen zu tun. Verbiegungen der Wirbelsäule entstehen aber auch, wenn eine Niere Schwierigkeiten hat, z. B. durch Steinbildung. Die Wirbelsäule weicht diesem Organ dann gerne aus und macht einen Bogen. Die Niere wird in der Akupunkturlehre mit Angst in Verbindung gebracht. Kein Wunder also, wenn Kinder im Wachstum Skoliosen bekommen, wenn in der Familie Unfrieden herrscht und Angst besteht, die Familie könnte daran zerbrechen. Nicht wissen, welcher Meinung man sich anschließen soll, welche Entscheidung man treffen soll, führt zu Steinbildung in den Nierenkelchen – die Orientierungslosigkeit, das Fehlen der Struktur führt zu Struktur – der Stein. Der Schachtelhalm kann Nierengrieß entfernen. Wie treffend beschreibt also der Schachtelhalm seine Aufgabe.
Immer wieder wählt der Schachtelhalm den Spiegel (die Wasseroberfläche, die Wassertropfen, seine Nachbarn). Interessanterweise besteht ein Spiegel aus Glas und Glas wird unter anderem aus Quarz hergestellt, dessen Hauptbestandteil Silicium ist.
Mir begegnete für dieses Buch der Sumpfschachtelhalm. In der Naturheilkunde nimmt man den Ackerschachtelhalm. Es gibt Gerüchte, die besagen, dass der Sumpfschachtelhalm giftig ist, weil er unter anderem leicht psychoaktiv wirksam sei. Es gibt auf jeden Fall Quellen, die belegen, dass er mehrere Alkaloide wie z. B. Nikotin enthält, die für eine solche Nebenwirkung sorgen könnten. Tatsache ist, dass Sumpfschachtelhalm für Weidevieh giftig ist. Da der Ackerschachtelhalm genauso strukturiert aufgebaut ist und Silicium enthält, spricht nichts dagegen, diesen innerlich als Tee zu verwenden. Für Räucherungen usw. kann dann der Sumpfschachtelhalm dienen.

Wiesenglockenblume

14. Die Wiesenglockenblume – hören, gehört werden und gehören

Ich bin die Wiesenglockenblume. Ich stehe gerne auf lichten Wiesen im hohen Gras. Ich überrage die meisten Wiesenbewohner, obwohl ich so zierlich und filigran bin. Meine blaulila Blüten fallen auf. Sie sind voller Harmonie. Die Menschen lieben mich und nehmen mich gerne mit zu sich nach Hause. Meine Form der Blüten ist genauso wie die der Glocken, daher habe ich meinen Namen – oder vielleicht ist es umgekehrt?

Ich habe nur ganz schmale kleine Blättchen. Für meine Pflanzengestalt habe ich recht große Blüten. Meine Staubgefäße sind wie die Glockenschlegel in der Mitte. Bei der Glocke erzeugen sie den Klang, indem sie an die Glocke schlagen. Meine Glockenschlegel-Staubgefäße erzeugen den Samen, das ist mein Glockenklang. Sie sind der Teil, wo sich männlich und weiblich vereinigen. Wie bei der Glocke, wo Schlegel und Glocke aufeinandertreffen und einen wunderschönen Ton erzeugen, weithin hallend durch die Natur, so wie ich meine Samen durch die Natur streue.

Auch in mir entsteht ein Klang, unhörbar für eure Ohren, für eine andere Dimension bestimmt. Ein Klang für Elfen, den Sommer einläutend, und nur, wer mit viel Übung gelernt hat, genau hinzuhören, der kann mich nicht nur sehen, sondern auch hören – in einer anderen Welt – oder doch die gleiche? Vielleicht solltet ihr euch mal zu mir ins hohe Gras auf die Wiese legen und mir zuhören. Vielleicht, aber nur vielleicht kannst du mich dann hören. Ein Glockenklang mit Elfengesang – sei still und höre mir zu!

Meine Botschaft für dich

Wenn du mich gewählt hast, dann hörst du die falschen Dinge um dich herum, Dinge die du nicht hören willst. Oder es ist umgekehrt: Du bekommst nicht das zu hören, was du gerne hören würdest. Du verschließt deine Ohren und kannst und willst nichts mehr hören. Ja, es ist schwer, Dingen zuzuhören, die man nicht hören will. Misstöne, Lärm und Lügen. Es gehen dir Töne verloren. Aber ich kann dir helfen, die Lust am Hören wiederzufinden, den Dingen gerne zu lauschen.
Komm zu mir auf die Waldwiese, ich raune dir ins Ohr, ich helfe dir, dass du die Vögel wieder zwitschern hörst oben im Geäst der Bäume, dass du die Hummel wahrnimmst, die gerade vorbeifliegt, und das Werben der Grille. All die Töne, die du in deiner Stadtwohnung und an deinem Arbeitsplatz nicht hören kannst, die dir verloren gegangen sind. Ich bringe sie dir zurück. Das Blätterrauschen, wenn der Wind in dic Bäume fährt, das Pochen des Spechts und das geheimnisvolle Knistern im Unterholz. Höre mir zu. Es ist das Lied des Waldes.

Niemand hört dir zu?
Dann verschenke mich,
ich öffne die tauben Ohren für dich,
ich schaffe es, was niemand anderem gelingt,
Dir Gehör zu verschaffen, wo verschlossene Ohren sind.

Komm, setz dich zu mir.
Es ist ein Geheimnis, dass ich dir ins Ohr flüstere.
Die Liebe, sie ist ein launisches Kind,
nimm mich mit zu deiner Liebsten, sie wird dich erhören
und bei dir bleiben und Treue schwören.

Oh, der Text gefällt dir, nicht wahr?
Ich höre dich lachen, so wunderbar!
Das hättest du jetzt nicht gedacht

von dieser kleinen Glockenblume,
dass sie dich noch zum Dichten bringt
und auch das Dichten dir gelingt.
Du siehst, meine Geheimnisse sind viele
unergründlich tief, wie meine Glockenblüte.
Gehört das Dichten doch zur Liebe.
Da läut´ ich dann die Hochzeitsglocken
und höre gerne dich frohlocken.

Affirmation: Ich höre und ich werde gehört.
Ich höre und ich werde erhört.

*

Zu dem Zeitpunkt, als ich die Ringelblume verrieb, machten Beo, Jeannette und ich einen Ausflug zu einem Berg. Wir wanderten ein Stück hoch und setzten uns ins Gras. Beo wollte aber noch ein Stück weiter nach oben. Nach einer Weile rief er uns mehrmals zu, doch auch heraufzukommen, es gäbe eine herrliche Aussicht. Jeannette war müde und ich genoss einfach die Natur um mich. Wir blieben, wo wir waren. Nach einiger Zeit kam Beo zurück und brachte uns je eine Glockenblume mit. Als ich die Verreibung machte und dann zu dem Text kam, dass sie hilft, wenn man auf taube Ohren stößt, musste ich lauthals lachen. Es war doch wirklich zu treffend und auch die Stelle „Nimm mich mit zu deiner Liebsten, sie wird dich erhören und bei dir bleiben und Treue schwören" war zutreffend auf Beo und Jeannette.
Auch bei der Trommelreise hatte ich mein Erlebnis mit der Glockenblume. Danach hatte ich tatsächlich das Gefühl, auf dem einen Ohr nicht richtig zu hören. Ich dachte, es sei verstopft, und versuchte es zu reinigen, aber mit mäßigem Erfolg. Nach einer Stunde gab sich das Problem langsam von selbst. Erst bei der Verreibung wurde mir der Zusammenhang klar.

Wasserdost

15. Der Wasserdost – die Weisheit der richtigen Wahl

Ich stehe an feuchten Plätzen am Wasser, aber auch an trockenen. Ich passe mich an. Ich stehe auch gerne am Waldrand und an den Waldwegen. Ich stehe nicht gerne alleine und fühle mich in der Gruppe am wohlsten. Von mir geht eine starke Energie aus. Du fühlst es gerade: ausgleichend, auflösend und aufbauend für Neues, für einen neuen Zustand. Ich reinige, ich durchfließe dich, wie das Wasser mich umfließt, fortspülend alle schlechten Energien.

Ich bin eine Schamanin, eine weise Frau, ich ändere Bewusstsein, ich öffne deinen Geist zur Aufnahme für heilende Energien. Ich beseitige Energien, die dir schaden, die dir nicht mehr guttun. Ich kann dein Bewusstsein verändern auf eine gute Richtung hin, so dass du den alten Weg nicht mehr gehen musst.

Ich bin wie die Erdgöttin, ich wandle die Dinge. Ich gebe dir Vertrauen und Zuversicht. Ich bin eine Formwandlerin, eine Zauberin. Wenn du noch Zweifel hegst über den besseren Weg, ich zeige dir die richtige Richtung. Du wirst in meinem Licht nur noch den richtigen Weg sehen, denn die negativen Schatten, die den freien Blick verhindern, verschwinden in meinem Licht. Mein Licht ist so hell, dass es alles überstrahlt.

Ich wirke wie eine Meditation auf deinen Geist. Reinigend, entgiftend, ich bin wie eine Fee mit einem Besen, der durch dein Gemüt fährt, der deine ganzen schädlichen Emotionen davonkehrt, keine Erinnerung daran lassend. Ich schirme dich vor negativen Energien ab. Ich bin dir ein Schutzschild. Ich erleichtere dir das Atmen und nehme dir die Schwere von deiner Brust.

Setze mich in die Ecke deines Gartens, wenn du einen hast, und ich schütze dich, deine Familie und die Umgebung. Ich gleiche Launen aus und bringe die Menschen in ihre Mitte zurück. Ich bin eine ungeheure starke Kraft, die alles hinwegfegt, was unrein ist, und hinterlasse positive Gedanken. Alles, was eurem Körper schadet an Verbitterung, Wut, Angst, Enttäuschung, Hilflosigkeit, Ohnmacht, Traurigkeit, Eifersucht, Missgunst, Hochnäsigkeit und vieles mehr.
Ich gebe euch Demut, Hingabe, Bescheidenheit, Durchsetzungsvermögen, Vertrauen und unendlich viel Liebe auf euren Weg.

Ich bin die Rune Sol, die für das Licht und die Sonne steht, und die Rune Algiz, die für den Ausgleich, für den Frieden, für den Seelenfrieden steht. Ich bringe dir den Frieden, ich bin der Frieden. In mir findest du Frieden, egal was deiner Seele angetan wurde. Ich bin eine starke Pflanze und kann dir helfen, verlorene Seelenanteile zurückzugewinnen. Umgib dich mit mir, bade förmlich in mir, in meinen Pflanzen, in meinem Kraut, in meinen Blüten. Stell dir vor, du liegst auf meinen Stängeln, Blüten und Blättern wie auf einem Bett und ich flüstere dir ins Ohr. Du saugst den Duft meiner Blüten ein und vernimmst meine Stimme. Ich raune dir zu und lasse dich fühlen, wie es ist, voller Hingabe, Vertrauen, Demut, voller Kraft zur Durchsetzung, voller unendlicher Liebe in deinem Herzen zu sein.
Und du wirst das aufsaugen in dein Herz und das tiefste Glück empfinden, das dich davonträgt – leicht, schwerelos, berauschend.
Ich werde dich davontragen, schnell wie der Wind, die schmerzvollen Erinnerungen verblassend, nur noch Licht und Liebe spürend, alles verzeihend, dir selbst verzeihend.
Komm mit mir zur Quelle allen Seins.
Ich verlange viel von dir, aber ich habe auch die Kraft, dich mitzureißen, dich hinwegzuspülen aus deinen bisherigen festgefahrenen Wegen, die dir schaden.

Ich bin die Lehrerin, die dich lehrt, loslassen zu können von dem, was dir schadet, stark sein zu können, in dem, was für dich richtig ist. Begib dich in meine Obhut. Ich schütze dich davor, in die alten Muster zurückzufallen, die dir nicht guttun.

Meine Botschaft für dich

Du wirst es nicht glauben, wie viel Glück jenseits dessen liegt, was bisher dein Weg war. Deshalb werde ich dich mitnehmen auf eine Reise, fortreißen, losreißen aus deinem bisherigen Dasein, damit du wie in einer Ekstase das Glück erfahren kannst, erfahren darfst. Hinwegspülend alle Erinnerungen an die Bitterkeit, die in dir lag.
Ich bin die Hüterin deiner Seele, die dir Verlorenes zurückbringt. Verlorenes, was du auf deinem Weg ins und durch das Leben verloren hast. Ich bin die Reinheit und Ganzheit deiner Seele, wie sie einmal war, und helfe dir, dies zurückzugewinnen und all das loszulassen, was deinen Weg dorthin verhindert.

Ich habe lange auf dich gewartet, nun bist du da und wir werden gemeinsam diese Reise antreten. Mein Korb ist schon gepackt und ich habe sorgsam ausgewählt, alles was du brauchst, um diese Reise zu bestehen.
Das Erste, was in diesem Korb liegt, ist Vertrauen, das Urvertrauen. Das Vertrauen, dass alles, was ist, richtig ist.
Das Zweite, was in meinem Korb liegt, ist dich so anzunehmen, wie du bist. Schaue in meine Augen und erkenne dich selbst.
Das Dritte, was in meinem Korb liegt, ist die Sorglosigkeit.
Das Vierte ist die Selbstliebe, denn nur wenn du dich selbst liebst, kannst du auch diese Liebe weitergeben.
Das Fünfte, was in meinem Korb liegt, ist die Aufrichtigkeit, zu dir und zu anderen.

Das Sechste, was in meinem Korb liegt, ist die Wahrheit, die Wahrheit zu erkennen und die Wahrheit anzunehmen.
Das Siebte, was in meinem Korb liegt, ist die göttliche Gerechtigkeit, sie zu erkennen und die Weisheit, sie anzunehmen.
Das Achte, was in meinem Korb liegt, ist der Schlüssel zum göttlichen Licht, mit dem wir das Tor öffnen, wo deine wahre Heimat liegt, der göttliche Frieden.
Ich hole dich ab, wo du bist, und freue mich, deine Begleiterin zu sein.

Ich bin der Wasserdost am Rande des Waldes, auf der Lichtung und am Wasser.
Man nennt mich auch das Kunigundenkraut, nach der heiligen Kunigunde.

Du hast eine weise Wahl getroffen.
Noch zweifelst du daran. Denn deine Seelenlöcher haben Angst. Sie wollen nicht noch einmal dahin schauen, wo die Angst, das Misstrauen, die Wut und alle Verunreinigungen ihren Ursprung haben. Keine Angst, ich tue es für dich. Ich tauche ein in deine Seelenlöcher und hole zurück, was dorthin gehört.
Ich bin eine Seelenklempnerin, ich helfe dir zu deiner Ganzheit zurück. Denn nur in der Ganzheit öffnet sich das Tor zu dem Garten, wo alles geschrieben steht. Ich begleite dich gerne dorthin. Es ist meine Aufgabe.

Du hast mich gewählt im Vertrauen darauf, dass ich dir helfen kann. Ich enttäusche dich nicht. Ich bin die Richtige für dich. Folge deinem Urvertrauen, das erste Geschenk an dich aus meinem Korb. Denn nur wenn du das Urvertrauen zurückerobert hast, folgen die anderen. Du kannst nicht einen Schritt vor den nächsten setzen. Du kannst dich ohne Urvertrauen nicht so annehmen, wie du bist. Das Urvertrauen ist die

Basis. Ich helfe dir, die Basis allen Seins zurückzugewinnen, dich zu erden, die Rückkehr zu Mutter Erde, dich heimzuholen, egal wo du auch immer gewesen sein magst.
Das Urvertrauen ist die Geburt für die nächsten Schritte und beinhaltet die Geburt selbst. In der Geburt liegt das Urvertrauen, das die Geburt erst möglich macht. Ohne das Urvertrauen keine Geburt, ohne Geburt kein Urvertrauen. Im Urvertrauen liegt die Mutterliebe – die Liebe zur Mutter und die Liebe der Mutter zu dir.
Ich helfe dir, zu diesem Urvertrauen zurückzukommen, egal was dieses Urvertrauen störte oder zerstörte. Es ist der Korb, in dem meine Blüten liegen, es ist die Gebärmutter, es ist die Urmutter selbst, die dich ruft. Es ist der Kelch, es ist der heilige Gral, zu dem ich dich zurückbringe. Es ist der Ort, an dem einst das Weibliche und Männliche sich verband, verschmolz. Es ist der Ort im Universum, an dem einst alles begann, aus dem Nichts, aus dem die Welt entstand, aus dem Männlichen und Weiblichen, aus dem du erschienst, im Vertrauen darauf, dass alles richtig ist, wie es ist.

Und so wie ich den Korb sicher an meinem Arm halte und du einst von deiner Mutter getragen wurdest – geborgen, verborgen im Mutterleib –, so trage ich dich und helfe dir, diesen Urzustand zu erleben. Lass dich tragen von meinen Pflanzen, leg dich in dieses Bett, das ich dir bereitet habe, noch einmal zu fühlen, wie es ist, getragen zu werden, geschützt, behütet, gewärmt und ernährt. Eins sein mit der Mutter, mit der Urmutter, mit Mutter Erde.
Und dann entschließt du dich, wenn der richtige Augenblick gekommen ist, dieses Bett zu verlassen, auf dem einzigen richtigen Weg, den Weg durch den Geburtskanal zu nehmen, in eine neue Welt, im Urvertrauen darauf, dass alles richtig ist, wie es ist. Ich begleite dich auf diesem Weg. Du wirst es nicht bereuen, es ist der Weg ans Licht. Du spürst, wie die ersten Strahlen auf dich fallen, wie sie dich an der Nase kitzeln.

Dein Urvertrauen hat dich belohnt. Du hast es geschafft, du bist da.
Du bist da, wo du heute bist, mit allen Erfahrungen und Schätzen, die du sammeln durftest wie ich meine Blüten in meinem Korb. Du kannst deine Erfahrungen in Dankbarkeit annehmen und nimmst dabei gleichzeitig meine nächste Blüte: Dich so anzunehmen, wie du bist, auch wenn dein Vater oder deine Mutter Zweifel an dir hatten. Jetzt kannst du das tun. Mit dem Urvertrauen, dass alles richtig ist, was ist, nimmst du dich so an, wie du bist.

Und damit kannst du auch die nächste Blüte nehmen, die Sorglosigkeit. Das soll aber nicht Verantwortungslosigkeit bedeuten. Auch Sorglosigkeit ist mit dem Urvertrauen verbunden. Du kannst deine Sorgen nun loslassen und dem Urvertrauen schenken.

Mit diesem Schritt überreiche ich dir die nächste Blüte, die Selbstliebe. So wie dich Vater und Mutter geliebt haben und noch immer lieben, kannst du dich selbst lieben. Du kannst nur so viel an dich selbst und andere an Liebe weitergeben, wie du selbst empfangen hast.
Aber wie viel ist das tatsächlich?
Wärst du wirklich da, wenn nicht Generationen vor dir seit Jahrtausenden diese Liebe weitergetragen hätten und sich miteinander männlich und weiblich verbunden hätten? Kannst du diese Liebe von diesen zigtausenden von Menschen, die vor dir waren, spüren und aushalten? – Diese Liebe, die so groß ist, dass sie das gesamte Universum füllt?
Diese Menschen, die alle nur eins wollen, dass du glücklich bist und diese Liebe weiterträgst in dir, zu dir und zu anderen. Sie alle sind deine Väter, deine Mütter, sie alle sind eins mit dir. So wie ich eins mit dir bin.
Spüre diese Liebe, dieses Einssein, lass dich durchdringen, werde eins mit ihr, werde Liebe, liebe dich selbst, so wie dich das gesamte Universum liebt. Und mit der Selbstliebe kommt die Aufrichtigkeit, denn nun

bist du fähig, ehrlich zu dir selbst zu sein. Du brauchst dich nicht mehr zu leugnen und zu verstecken. Du bist du – du bist.

Und mit der Aufrichtigkeit kommt die Wahrheit, die du jetzt erkennen und annehmen kannst. Die Wahrheit über dich selbst und die Wahrheit in der Welt. Du kannst die Welt nun so annehmen, wie sie ist. Du hast es nicht mehr nötig, die Welt verändern zu wollen, verschönern zu wollen, sie ist, wie sie ist.

Und mit der Wahrheit kommt die Gerechtigkeit daher, meine nächste Blume für dich. Und du erkennst, dass im größten Schmerz, in der größten Ungerechtigkeit ein Sinn liegt, eine Aufgabe. Und dass nichts auf dieser Welt umsonst ist. Das ist das Gesetz.

Und mit diesem Gesetz erhältst du den Schlüssel, mit dem du das Tor zum göttlichen Licht, zum göttlichen Frieden aufschließen kannst. Zum Frieden mit dir selbst, mit der Welt und mit der göttlichen Weisheit.

Nimm meinen Blumenkorb, er ist für dich. Trage ihn in deinem Herzen und wenn du willst, begleite ich dich dorthin, in dein Herz, ins Licht, in die ewige Liebe.
Und wenn du dort angekommen bist und selbst zum Frieden geworden bist, dann geschieht das Paradoxe, dann kannst du die Welt verändern, friedlich. Du kannst sie mit Frieden füllen für dich und für die anderen.

Der Auftrag

Pflanze mich, verbreite mich wieder, wo ich nicht mehr bin, denn ich trage den Frieden in die Welt und in die Herzen.

*

Der Wasserdost erwähnt selbst, dass er auch Kunigundenkraut genannt wurde. Eine treffendere Bezeichnung kann es nicht geben. Die heilige Kunigunde war die Ehefrau von Kaiser Heinrich II., der den Bamberger Dom bauen ließ und die beide dort bis heute verehrt werden.
Kaiser Heinrich und seine Frau Kunigunde waren bereits zu Lebzeiten ein außergewöhnliches Herrscherpaar. Heinrich und Kunigunde waren beide gebildet – und sehr fromm. Beide traten für eine Kirchenreform ein, überzeugten durch eine konsequente kirchliche Haltung und ihren Stiftungseifer und versuchten, Frieden zu stiften.
Nach dem Tod Heinrichs trat Kunigunde in das Nonnenkloster in Kaufungen ein.

Aus der Universität Bamberg wird dazu Folgendes berichtet:[4]
Die Legenden, die über Kunigunde entstanden waren, sollten sich im Laufe der nächsten Jahrhunderte umformen und sogar erweitert werden. In der Mitte des 16. Jahrhunderts – so beschreibt es eine Nonne aus dem Klarissenkloster – sei die Heilige einem Kirchner erschienen, um ihn und die Stadt vor dem drohenden Markgrafenkrieg zu warnen. Blieb die Warnung der Kaiserin auch ungehört, so nahm sie auch in der Barockzeit ihre Funktion als Stadtpatronin wahr. Dies bezeugt die Erzählung von der Spindel, die sie um die Bamberger Häuser geschleudert habe. Auf diese Weise habe Kunigunde eine Schutzmauer um die Stadt errichtet und so den Einzug der Pest verhindern können. Diese Verehrung als Patronin spiegelt sich auch in einer Legende des 20. Jahrhunderts wider. In ihr heißt es, Kunigunde habe ihren Schleier in Form eines Nebels über Bamberg gebreitet und so die Angriffe der alliierten Flieger im Zweiten Weltkrieg von der Stadt abwenden können.

---

4 Universität Bamberg: Die Heilige und ihr Kult

Wiesensalbei

16. Der Wiesensalbei – die himmlische Hochzeit

Vorab möchte ich hier noch einmal besonders darauf hinweisen, dass dieser Text zum größten Teil in der weiblichen Form geschrieben ist, er aber auch männlich zu lesen ist (was bezeichnend für das Thema ist ...)

Ich bin der Wiesensalbei, mein Name kommt von Salbe, das heißt heilend. Ich bin eine große Heilerin. Ich stehe gerne auf den Wiesen und meine Blüten fallen auf. Meine Blüten stehen immer sechs an der Zahl rings um den Stängel. Mich besuchen am liebsten die Hummeln, denn zu ihnen habe ich eine ganz besondere Beziehung. Durch ihr Gewicht lösen sie bei mir einen Mechanismus aus, mit dem ich meine Staubgefäße auf ihren Rücken ausschütteln kann, meine Spermien sozusagen abgebend, befruchtend meine Schwestern, und andererseits nehme ich Pollen von der Hummel auf.

Es ist der Tanz des Lebens, aufnehmend, abgebend, die Schöpfung selbst. Erst muss sich etwas vereinigen, damit das Neue und die Teilung erfolgen kann. Ich tanze diesen Tanz der Schöpfung den ganzen Sommer lang. Ich warte auf die Hummeln, sie bringen mir den Pollen meiner Schwestern und ich gebe ihnen meinen Pollen mit auf den Weg und als Lohn für diese Arbeit noch den Nektar. Geben und Nehmen im Gleichgewicht.

Aber es ist etwas Besonderes an unserer Verbindung. Die weibliche Hummel bringt mir den männlichen Pollen. Sie vertritt wie alle Bienen eine eigentlich männliche Funktion. Sie sind die Verbindung in sich zwischen männlich und weiblich – der Knotenpunkt der 8.

Ich öffne weit meine Blüte, um die Hummel zu empfangen, um den Pollen aufzunehmen, der für meinen Samen sorgt. Für meine Nachkommen, die aus der Verbindung von männlich/weiblich entstehen. Es ist also eine höchst sexuelle Beziehung zwischen mir und der Hummel und den Bienen. Wir verkörpern diese Vereinigung, eine Hochzeit, jeden Tag den Sommer lang. Ich ziehe dafür mein schönstes Brautkleid an, meine wunderbaren blaulila Blüten, und warte auf meine Partnerin. Jeden Tag geschieht diese Hochzeit vor euren Augen. Und doch ist sie verborgen.

Es ist eine himmlische Hochzeit, eine kosmische Hochzeit, mit allem, was ist. Es ist die Schöpferkraft, die wir feiern, die Vereinigung zwischen Mutter Erde und Vater Himmel, zwischen Tier und Pflanze, zwischen Yin und Yang. Und der Honig, der aus dem Nektar bereitet wird, ist unsere Gabe der Liebe an den Partner, an die Welt. Ein Beweis unserer Vereinigung, ein Geschenk.

Wir sind dazu da, um euch daran zu erinnern, dass ihr in einem Universum seid, das aus der Vereinigung zwischen Yin und Yang, zwischen männlich und weiblich entstanden ist und sich durch die Vereinigung von zwei Gegensätzen ständig neu erschafft.

Wir sind dazu da, um euch daran zu erinnern, dass durch die Vereinigung etwas Neues entsteht, nicht durch die Zerstörung. Diese kann lediglich der Dünger sein für Wachstum. Die Zerstörung an sich selbst schafft nichts Neues, sie zerstört.

Meine Botschaft für dich

Trinke, trinke den Nektar dieser Botschaft, wie die Hummel meinen Nektar trinkt. Er wird zu Honig für dich.

Ich bin Freya, ich bin Frey, meine Blüte ist weiblich und doch ist beides in mir, weibliche und männliche Anteile, so wie auch bei dir. Es steht zwar immer eines im Vordergrund – es muss eine Entscheidung getroffen werden, für welchen Anteil du dich im Moment entscheidest –, aber

das ist egal, denn beides ist eines, und es ist egal, welchem Anteil du zum Ausdruck deiner selbst verhilfst.
Wie Freya frei ist zu entscheiden, ob sie nun Schwester oder Gemahlin ist, ob Frey der Bruder, der Sohn oder Gemahl ist, so bist auch du frei, jede Rolle zu übernehmen, die du möchtest.
Und alles hat seine Zeit – die Mutterschaft, die Vaterschaft, die Hure, die Treue, die Geliebte, die Jugend und die alte Weise. Die Weise, die alle Rollen kennt. Denn erst sie kann das volle Spektrum an Wissen haben und deshalb weise sein.

Ist es weise, sich festzulegen?
Das muss jeder selbst für sich entscheiden und niemand hat das Recht, darüber zu urteilen, welche Rolle für jemanden richtig oder falsch ist.
Welche Rolle hast du im Moment inne? Zweifelst du an deiner Rolle? Wird es Zeit, eine andere Rolle anzunehmen? Ist die Mutterschaft, die Vaterschaft zu Ende? Sind die Kinder aus dem Haus? Wird es deshalb Zeit, eine andere Position zu beziehen?
Auch eine alte Wölfin kann die Führungsposition des Rudels übernehmen und in eine männliche Rolle schlüpfen.
Wie der Name Freya und Frey bist du frei zu wählen, wer du gerade bist, was du bist, wie du bist.

Hast du dich für ein Kind entschieden? Dann genieße diese Zeit der Mutterschaft, der Vaterschaft, sie kommt nicht zurück. Geh in dieser Rolle auf mit allen Aufgaben und Verpflichtungen, die diese Rolle mit sich bringt. Sind die Kinder erwachsen geworden? Dann bist du von neuem an dem Punkt, wählen zu dürfen, welche Rolle nun für dich ansteht. Es gibt keine Schranken, es sei denn, du legst sie dir selber auf.

Ich bin der Wiesensalbei, der dir hilft, deine Rolle zu finden, der dir hilft, tief in dein Herz zu schauen und deinen tiefsten Seelenwunsch zu

ergründen, welche Rolle für dich richtig ist, der dir hilft zu erkennen, wer du bist, was du bist und wie du bist, der dir hilft, die Rolle annehmen zu können, die dein tiefster Herzenswunsch ist, und zu ihr zu stehen und durchzuhalten.
Ich stehe am Anfang einer Rolle, in der Mitte und am Ende. Ich bin Urd, Verdandi und Skuld. Ich bin Vergangenheit, Gegenwart und Zukunft. Ich stehe dir mit meinem Rat zur Verfügung. Trinke mich, trinke meinen Nektar, meinen Honig – er ist eine heilende Salbe für dich.
Ich lindere den Schmerz beim Abschied aus einer Rolle, ich bin bei dir, um dich zu trösten, ich gebe dir die Hoffnung, eine neue Rolle zu finden, eine neue Rolle annehmen zu können, ich zeige dir die unendlichen Möglichkeiten auf dieser Welt. Ich gebe dir die Freiheit zurück, wählen zu dürfen, wer du sein möchtest, wie du sein möchtest und was du sein möchtest.
Ich gebe dir die Reinheit und Unschuld deiner Seele zurück, wie die Reinheit und Unschuld des Universums, bevor die Welt entstand, die Reinheit und Unschuld der Großen Leere, das Ginnungagap, bevor sich Kälte und Hitze trafen, bevor sich männlich und weiblich trafen und alles eins war und gleichzeitig nichts, bevor die Teilung begann.

Deshalb kannst du mich für die Reinigung verwenden, für Räucherungen, um die Reinheit und Einheit wiederherzustellen, den Knotenpunkt der 8 – der Knoten und das Nichts, von wo du aufbrechen kannst zu einem neuen Tanz zwischen männlich und weiblich, als wäre gerade jetzt das Universum neu entstanden, wie am Anbeginn der Zeit, wie eine neue Empfängnis in voller Jungfräulichkeit, eine wilde Freya, eine wilde freie Frau.

*

Der Wiesensalbei ist die 16. Pflanze. Die 16 steht für die 8 auf einer höheren Ebene. Der Text hängt also mit dem Thema der Schafgarbe zusammen. Zugleich hat der Wiesensalbei mit der Zahl 6 eine enge Verbindung, denn es sind immer 6 Blüten auf gleicher Höhe wie ein Rad um den Stängel herum. Die Zahl sechs und der Begriff Sex hängen zusammen und sie wurden in der Schreibweise wahrscheinlich erst durch die Mönche im Mittelalter getrennt, um die Verbindung zu vertuschen (im englischen sex und six).

Die Bienen und Hummeln bauen ihre Wabenzellen sechseckig, auf denen das gesamte Leben des Stocks stattfindet. Hier hinein legt die Königin die Eier, hier entwickeln sich die Larven, verpuppen sich und schlüpfen. Hier wird der Honig eingelagert (auf einer Wabe bis zu 2,5 kg – so stabil ist das Sechseck!) und der Pollen. Das Hexagon findet sich als Struktur in den Kristallen wieder (siehe Sumpfschachtelhalm und Silicium – die Ordnung). Das Sechseck stellt in der Natur die vollkommene Entwicklung der Materie dar. Wir finden sie als Form bei den Basaltsäulen oder Bergkristallen wieder oder auch in den Eiskristallen bzw. Schneeflocken. Bis in die molekulare Ebene finden wir die Sechseckform. Die Erde wird im Bienenschamanismus als sexuelles Zentrum des Universums betrachtet. Die Manifestation der Materie geschieht zum größten Teil in Sechseckform. Daher stammt die Wortgleichheit Sex und sechs. Das Sechseck heißt im griechischen Hexagon. Davon stammt das Wort Hexe ab. Das war jemand, der mit den sexuellen Kräften arbeitete (im Yoga die Kundalini-Energie genannt). Durch die Verbindung des Männlichen und Weiblichen wird neues Leben geschaffen. Die Biene als Bindeglied in der Natur, als Befruchterin, als Botin zwischen männlich und weiblich hält die Schöpfung in Gang. Daran erinnert der Wiesensalbei in seinem Text.

Interessant ist noch, dass bei der Pollenweitergabe der Salbei aktiv mithilft. Während die Hummel tief in die Blüte hineinkriecht, wird ein Hebelmechanismus in der Blüte ausgelöst, bei dem die Staubgefäße nach unten auf die Hummel klappen und den Pollen auf ihrem Haarkleid verteilen.

Interessant ist, dass der Salbei unter anderem für Schweißausbrüche, Hitzewallungen und Wechseljahresbeschwerden genommen wird, was genau das Thema des Textes ist. Die Hitze steht für das männliche Prinzip, die Kälte für das weibliche. Vor den Wechseljahren haben Frauen oft mit kalten Händen und kalten Füßen zu kämpfen, während Männer eher zum Schwitzen neigen. Das kann sich in den Wechseljahren, die beide durchlaufen, gründlich ändern. Die Hitzewallungen der Frauen stehen sicherlich für den Wechsel in das männliche Prinzip.

Kanadische Goldrute

17. Kanadische Goldrute – Mut, Zuversicht, Transformation

Ich bin die kanadische Goldrute. Den ganzen Sommer wachse ich, um als eine der letzten Pflanzen im Jahr zu blühen. Das ganze Licht und Feuer des Sommers ist in mir gesammelt.
Ich bin das Licht, ich bin das Gold des Lichts und das Feuer von Mutter Erde, tief in ihrem Schoß. Meine goldenen Blüten sind wie züngelnde Flammen, ein Flammenmeer. Ich lasse die Welt erstrahlen, wenn schon fast nichts mehr blüht. Ich bin eine Erinnerung an die Helligkeit des Sommers, wenn die Tage bereits kürzer und dunkler werden.
Ich gebe den Bienen noch Nahrung, Vorrat für den Winter. Ich sorge dafür, dass es im Stock keine Not gibt, wenn im Spätsommer das Wetter schlecht für die Bienen war.
Ihr findet mich in der Zwischenzeit überall, ich bin weit herumgekommen. Meine Heimat ist Amerika.
Ich bin eine Verbindung zu Mutter Erde, zu ihrem Erdstern, der glühenden Lava. Meine winzigen Blüten sind wie die Vulkane, die die feurig-gelbe Lava ausspucken und in den Himmel werfen. Aber diese Schönheit erkennst du erst, wenn du mich genau aus der Nähe betrachtest. Ich bin das Feuer und ich schüre das Feuer in dir. Ich gebe dir das Feuer zurück, wenn das Wasser in dir überhandgenommen hat.
Ich bin eine Tochter der Göttin des Feuers, ich bin das Feuer der Liebe, ich bin das lodernde Verlangen. Selbst meine Blätter sehen aus wie züngelnde Flammen.

Meine Botschaft für dich

Wenn das Wasser in dir überhandgenommen hat und dein Feuer fast gelöscht hat, dann bin ich die Richtige für dich. Mein Feuer stärkt dein Feuer.

Wenn du mich gewählt hast, dann beherrscht Angst dein Leben, denn es gehört Mut dazu, auf dem Vulkan zu tanzen.
Ich werde dir helfen, den Vulkan zu besteigen und das Wasser am Fuße des Vulkans zurückzulassen. Ich gebe dir Mut und Zuversicht, dass das helle Licht ausstrahlt, und die Geborgenheit der Wärme eines Lagerfeuers, das die Nacht erhellt und die Feuchtigkeit vertreibt.
Und wie das Feuer eine reinigende Kraft ist, so werde auch ich dich reinigen, deinen Körper und deine Gedanken. Du kannst mir all deine Ängste anvertrauen, ich werde sie wandeln, ich werde sie zu Asche verbrennen und wertvollen Dünger daraus machen.
Ich kann dir die Angst nehmen, die dir die Kehle zuschnürt und dir die Luft zum Atmen nimmt, ich löse deine Zunge, dass du hinausschreien kannst, was dich gefesselt hat. Ich bin die Kraft des Feuers, das das Wasser zum Kochen bringt, so dass sich die Ängste in Luft auflösen und wie ein warmer Regen einen fruchtbaren Niederschlag bringen können.

Hast du den Mut, mit mir zu tanzen? Um das Feuer zu tanzen und über das Feuer zu springen?
Ich gebe dir den Mut, das Vertrauen und die Zuversicht, du wirst sehen, wie gut das tut loszulassen, wie erleichtert du sein wirst.

Angst gehört zum Leben, sie ist überlebensnotwendig, aber sich von Angst beherrschen zu lassen schnürt dich ein, macht dich handlungsunfähig und führt zu falschen Entscheidungen. Angst ist ein schlechter Ratgeber, der schlechteste, den du haben kannst. Wie würden deine Entscheidungen aussehen, wenn du Zuversicht und Vertrauen hättest und voller Mut wärst?
Egal welche Entscheidung du triffst, sie ist immer richtig. Es gibt also keinen Grund, vor dem Leben Angst zu haben.

Das Feuer ist eine starke Kraft, es verändert die Welt schnell und nachhaltig. Wünschst du eine rasche Veränderung in deinem Leben? Wovor fliehst du? Wo möchtest du nicht hinschauen, weil die Hitze so stark sein könnte, weil das Licht dich blenden könnte? Ich kann dir helfen, die Antworten zu finden, den Lichtschein genau da hinzuschicken, wo die Dunkelheit herrscht in deinem Leben, wo der Sumpf und Morast ein Durchkommen versperrt. Ich trockne dir den Weg und erleuchte ihn.

Das Feuer ist eine transformierende Kraft, lasse dich transformieren, ich helfe dir dabei. So wie ich am Ende des Sommers blühe, wo die Bäume anfangen, ihre Blätter fallen zu lassen und die Natur sich komplett wandelt für den Winter, für die nächsten Herausforderungen der Kälte und des Wassers, so bin ich eine transformierende Kraft, dich vorbereitend für zukünftige Herausforderungen. Ich kann dir die Energien geben, die dazu nötig sind, wie die Bienen am Ende des Sommers zu mir kommen und Nektar und Pollen für den Winter bei mir holen, um genug Vorräte für den Winter zu haben, bis sie im Frühling wieder die Fülle genießen dürfen.

Ich bringe dich durch den Winter, eine Zeit der Abkühlung und Erstarrung, eine Zeit der Dunkelheit und Angst, bis die Wärme und das Licht zurückkehren und die Lebenskraft, die sich in die Erde zurückgezogen hat, wieder an die Oberfläche kommt, um neues Leben entstehen zu lassen.

Mit mir kannst du diese Zeit überwinden, die Erstarrung, Dunkelheit und Angst in dir verbreitet hat, wie die Bienen, die den Winter meistern. Ich bin das Lagerfeuer, das dich wärmend umarmt und dir Hoffnung und Licht gibt.

*

Wie treffend ist ihre Beschreibung ihrer Blüten als kleine Vulkane. Als ich sie mir hinterher genauer betrachtete, fand ich tatsächlich, dass sie aussehen, als würden sie gerade feurige Lava in die Umgebung spucken.

Die einheimische echte Goldrute (Solidago virgaurea) wird seit langer Zeit als Heilpflanze eingesetzt, besonders bei Blasen- und Nierenleiden. Die kanadische Goldrute (Solidago canadensis) hat ähnliche Inhaltsstoffe. Es ist also interessant, dass man durchaus auch diese einsetzen kann und sie es in ihrem Text bestätigt. In der Akupunktur hat das Element Wasser mit dem Nieren- und Blasenmeridian mit Angst zu tun. Der Nierenmeridian ist im Energiesystem eng verbunden mit dem Kreislaufmeridian und dem Stoffwechselmeridian Dreifacher Erwärmer. Diese beiden gehören zum Feuerelement.
Solidago leitet sich von den lateinischen Wörtern solidum agere ab, was übersetzt „gesundmachen“ heißt.

Karthäusernelke

18. Die Karthäusernelke – Urvertrauen, das Sehen und die Mitgift

Hallo, ich grüße dich, ich bin der Geist der Karthäusernelke. Ich wachse am liebsten zwischen Steinen und da, wo es trocken ist. Du siehst, dass man auch aus wenig viel machen kann. Ich bin eine Überlebenskünstlerin und von mir kannst du Bescheidenheit lernen, mit dem zurechtzukommen, was vorhanden ist, und doch sich in Pracht zu entfalten. Ich bin eine Bergblume und oft genug weht mir der Wind um die Nase und trotzdem bewahre ich meine Eleganz und Schönheit, egal wie der Wind pfeift.

Von mir kannst du Gelassenheit lernen, denn egal wie scharf der Wind weht, es macht mir nichts aus. Im Gegenteil, je höher ich wachse in den Bergen, umso größer wird die Sicht auf die Dinge unter mir, ich behalte den Überblick. Ich bin den starken Winden ausgesetzt, aber sie können mir nichts anhaben. Ich bin zäh und ausdauernd.

Ich weiß, dass auch nach dem Sturm wieder Sonnenschein kommt, dass jeder Sturm vorbeizieht, und wenn er mir Regen gebracht hat in meine karge Welt, dann nehme ich diesen dankbar an.

Dankbar zu sein für das, was man hat, das ist eine meiner Weisheiten und du kannst an mir erkennen, welche Schönheit in der Dankbarkeit besteht. Du kannst auch an mir erkennen, welche Energien Dankbarkeit, Bescheidenheit und Gelassenheit entwickeln können, sie sind stärker als der Sturm.

Wohingegen Gier und Maßlosigkeit zur Zerstörung wird, was auch mir zum Verhängnis wird. Denn ich bin machtlos, wenn meine Blüten nicht nur mehr bewundert und bestaunt werden in einer kargen Landschaft, sondern gepflückt werden für einen kurzen Augenblick des Glücks.

Gier und Maßlosigkeit werden nie befriedigt, sie sind eine Krankheit. Dahinter steckt Angst, Angst, zum Überleben nicht genug zu haben,

Existenzangst. Doch ihr seht an meinem Beispiel, wie wenig man wirklich braucht, um sich prachtvoll entfalten zu können. Ich weiß, dass ich immer das habe, was ich brauche. Und weil ich das weiß, habe ich es.

Meine Botschaft für dich

Du kommst zu mir, wenn du den Blick für das Wesentliche im Leben verloren hast. Ich bin diejenige, die dir hilft, den Weg zurückzufinden, die dir den Blick öffnet für das Große Ganze, in dem du deinen persönlichen Platz findest und nicht mehr rastlos suchen musst. Ich bin diejenige, die dir hilft, deine Überlebensangst zu besiegen, so dass du nicht mehr Gier und Maßlosigkeit leben musst, sondern erkennst, dass du zum Leben die Energie aus Bescheidenheit, Demut und Dankbarkeit ziehen kannst, dass diese Eigenschaften dir viel mehr Energie geben, als es Gier und Maßlosigkeit jemals tun könnten.

Was können dir Gier und Maßlosigkeit geben als wieder Gier und Maßlosigkeit? Ist es nicht besser, in meine Welt zu kommen, in Freiheit und Schönheit zu leben, mit einem herrlichen Blick auf das Große Ganze?

Für dich ist es dazu wichtig, deine Existenzangst, die Urangst zu überwinden. Sie hält dich fest und gibt dir ein Trugbild. Ich werde den Schleier vor deinen Augen entfernen, so dass du einen klaren Blick erhältst und sehen kannst, was dein Tun ist. Ich bin dein drittes Auge, das dich hinter die Dinge blicken lässt, was verborgen ist.

Der Überblick und der Blick aufs Wesentliche, der Blick in die Ferne und der Blick in die Nähe, beides ist wichtig, um zu sehen, was wirklich ist. Wenn du nur einen Teil hast, fehlt dir die Hälfte und du ziehst falsche Schlüsse. Ich bin die Karthäusernelke, ich helfe dir, beides zu erkennen. Denn nur das Unbekannte macht Angst, das, was du nicht erkennen, nicht sehen kannst, wie die Zukunft und der Tod. Aber trotz dieser ständigen Ungewissheit bist du hier, Tag für Tag, Woche für Woche, Jahr für Jahr.

Es ist die Frage, ob du weiter mit dieser Existenzangst, Zukunftsangst leben möchtest oder ob es nicht besser wäre, einfach Vertrauen zu haben, dass du alles, was du zum Leben brauchst, immer haben wirst, dass dir auch die Zukunft immer alles bringen wird, was du benötigst. Hast du nicht bisher in deinem Leben alles gehabt? Der beste Beweis ist deine Existenz selbst. Denn du existierst nicht nur, weil du bisher alles, was nötig war, hattest, sondern auch weil deine Eltern und Vorfahren davon überzeugt waren, dass ein Überleben auf dieser Erde möglich ist. Und wieder bist du der beste Beweis selbst.

Komm mit mir und genieße die Schönheit der Welt, schau in meine Blüten und bestaune das Wunder. Lass deine Ängste hinter dir. Du lebst jetzt ... jetzt ... jetzt ... Genieße den Augenblick der Gegenwart, was brauchst du dafür? Einatmen, ausatmen und die Freiheit deiner Gedanken.

Ich sitze hier zwischen den Felsen, auf den Steinen, im Sommer brütend heiß, im Winter bitterkalt. Möchtest du an meiner Stelle sein? Warum nicht? Du musst es auch nicht, du lebst in deiner Welt, an deinem Platz. Genieße diesen Platz, wie ich meinen genieße und die grauen Felsen bunt strahlen lasse, Farbe in die Welt zaubere mit meiner Existenz. Denn alleine, dass ich da bin, verändert die Welt, so wie du die Welt veränderst durch deine Anwesenheit.
Vertraue dir, vertraue deinen Vorfahren, vertraue den Menschen, die vor dir da waren, die es ermöglichten, dass du heute hier bist. Nichts rechtfertigt, mit Existenzangst durchs Leben zu gehen. Mit mir stehst du auf einem festen Fels, der dir die Sicherheit und Standfestigkeit gibt, wovon du einen Rundumblick wagen kannst, die Aussicht genießend. Ich gebe dir den Schutz, den du benötigst, um Vertrauen zu fassen. Ich halte die rauen Winde ab und fächle dir kühle Luft zu, Luft zum Atmen, einatmen, ausatmen.

Ich bin, du bist, wir sind, nur das zählt.

Meine Blütenblätter sind aufgespannt wie Fächer.
Ich bin der Übergang zu einer Welt ohne Leben, ohne grüne Pflanzen, ich stehe an diesem Übergang. Ich stehe am Übergang zu felsigem Gestein, wo Leben nur noch sehr versteckt gedeiht.
Ich bin der Übergang, ich bin diese Kante, ich bin dieser Rand, so wie ich über den Rand meines Fächers schaue, hinter dem Schleier verborgen.
Ich bin da, aber ich bin auch nicht da. Meine Fähigkeiten sind verborgen, sie verstecken sich hinter meiner Eleganz und Schönheit. Der Rand der Pflanzenwelt, die für die Wissenschaft die belebte Natur darstellt, die unbelebte Natur, sie ist aber nicht unbelebt. Sie ist nur verschleiert, das Leben darin ist verschleiert.

Ich kann dir helfen, diesen Teil des Lebens zu entdecken, den Schleier zu lüften, der die Kommunikation bisher verhindert hat. Ich bin eine Mittlerin zwischen dem Mineralvolk und dem Pflanzenvolk, am Rand, an der Kante, ich bin dein drittes Auge. Ich bin eine Hexe, eine „hagazussa", eine Zaunreiterin, ein Bein da, ein Bein dort, weder auf der einen Seite noch auf der anderen und doch auf beiden, in beiden Welten zu Hause.
Ich bin diejenige, die die Mitgift der Schlange kennt, das Geschenk, das Brautgeschenk, ein Gift und ein Geschenk, tödlich vielleicht oder der Zugang zur Allwissenheit, zur Weisheit.
Zur Weisheit, die man nur dann erringt, wenn man den Rand, die Kante überspringt, wenn man die Grenzen überschreitet, die Grenze, an der ich stehe und auf dich warte.

Bist du bereit für den Sprung? Für die Reise?

Ich helfe dir, das Gift der Schlange zu ertragen. Ich helfe dir, damit zu leben. Die Weisheit der zweigeteilten Welt anzunehmen, anzuerkennen. Ich lebe im Reich der Schlange, ich bin die Schlange. Ich gebe dir ihre Mitgift und helfe dir, damit zu leben.

*

Interessant an dem, was uns die Karthäusernelke erzählt, ist, dass sie tatsächlich traditionell, also in der alltäglichen Wirklichkeit bei Schlangenbissen angewendet wurde. Der Text ist jedoch doppeldeutig. Die Schlange ist ein Symbol für die Teilung, wie ihre Zunge gespalten ist. So steht sie in der biblischen Schöpfungsgeschichte, die eine reine Teilungserzählung ist, und führt auch dort zur Teilung der Welt in Gut und Böse. Die Schlange kann den Tod bringen, aber auch eine Erneuerung, wie ihre Häutung. Sie ist ein Symbol dafür, dass eine Entwicklung auf den Weg gebracht wird. Im Yoga wird die Kundalini-Energie als aufgerollte Schlange im kleinen Becken wahrgenommen, die an der Wirbelsäule aufsteigt, und wenn sie das Scheitelchakra erreicht, zur Hellsichtigkeit führt, die Wahrnehmung der nichtalltäglichen Wirklichkeit. Jegliches Training im Schamanismus zielt darauf ab, diese Fähigkeit zu erlangen – das andere Sehen. Und es ist schon unglaublich, dass die Karthäusernelke auch in der alltäglichen Wirklichkeit gegen Sehstörungen eingesetzt wird. Während der Verreibung hatte ich dann auch starke Sehstörungen und nahm zeitweise alles wie durch einen Schleier wahr.

Auch der Text selbst ist zweigeteilt. So beendete ich bereits nach der C2 die Verreibung, weil mir die Worte „Ich bin, du bist, wir sind, nur das zählt“ wie ein Schlusssatz vorkamen und ich keine weiteren Aussagen erhielt. Ich bekam jedoch kein Bild von den Pflanzen, die ich als Nächstes verreiben wollte. Sie ließ mich genau auf der Grenze, in der Ungewissheit. Waren es die falschen Pflanzen, war eine andere wichtiger, sollte ich erst etwas ganz anderes machen, sollte ich eine Pause einlegen? Sollte ich doch mit der Verreibung fortfahren? Was war los? Am nächsten Tag begann ich deshalb mit der C3, in der sie auf eine andere Ebene wechselte.

Gift und Mitgift: im Englischen heißt Geschenk „gift“, das bei uns im Deutschen in Mitgift vorkommt. Eine Wortspielerei mit tieferem Sinn. Auch das ist es wert, sich näher anzuschauen. Die Existenzangst aus dem ersten Teil ihrer Botschaft wird durch einen giftigen Biss einer Schlange ganz bestimmt hervorgerufen durch die Frage: „Überlebe ich das?“ Je ruhiger man innerlich dabei bleibt, umso höher sind die Chancen, denn Aufregung oder Bewegung führt zur Erhöhung des Blutdrucks, wodurch das Gift im Körper verteilt wird. Und es ist doch wichtig, diese Verteilung zu verhindern, um zu überleben. Aus diesem Grund setzen sich Afrikaner nach einem Biss einfach hin und verhalten sich ruhig und warten ab, bis die Wirkung des Giftes nachlässt. Es gibt eben in der Natur, in der Wildnis nur zwei Möglichkeiten bei der Begegnung mit einer Schlange. Und das ist wiederum paradox, denn die eine Möglichkeit davon, das Überleben, ist eine Wiedergeburt, dem ein Tod vorausgeht.

Sie ist die 18. Pflanze, das ist die 9 x 2, also die Neun auf einer höheren Ebene. Auch die Quersumme ergibt 9. Die Neun steht an der Grenze zu einem Neuanfang, denn die folgende Zahl Zehn ist die Eins auf einer höheren Ebene, womit ein neuer Kreislauf, eine Wiedergeburt beginnt. (siehe Friedrich Weinreb: Zahl, Zeichen, Wort).

Angelikawurzel

19. Die Angelikawurzel – Raum, Zeit, Ewigkeit oder Rad der Zeit

Hallo, ich bin die Elfe der Angelikawurzel. Ich bin weit verbreitet und häufiger, als man denkt. Mein Stiel hat eine rötliche Farbe, die sich vom Rest der Pflanze abhebt. Meine unzähligen winzigen Blüten sind weiß und werden von Insekten gerne besucht. Ich verströme einen würzigen, lieblichen Duft, den ihr erst wirklich wahrnehmt, wenn ihr dicht an mir riecht. Aus der Ferne, wenn ihr an mir vorbeilauft, nehmt ihr nur meine Dolden wahr, die euch auf den ersten Blick wie eine einzige Blüte erscheinen. Schaut ihr genauer hin, dann erkennt ihr, dass meine Dolden aus vielen einzelnen Dolden bestehen und jede dieser kleinen Dolden, die wiederum wie eine einzige Blüte erscheinen, aus ca. 30 winzigen Blüten besteht. Ein Wunderwerk im Wunder. Ein Universum im Universum. Und wenn du nun den großen Überblick siehst, dann erkennst du, dass meine gesamte Krone die Form ebenfalls wiederholt. Eine Welt in einer Welt in einer Welt in einer Welt.

Es ist eine Wiederholung, eine Verschachtelung, eine Ordnung in der Ordnung. Raumwelten und Zeitwelten nebeneinander und ineinander, verwoben und verstrickt miteinander an einer einzigen Wurzel. Die Wurzel, die ihr hauptsächlich von mir für Heilzwecke benutzt. Die Wurzel, die für diese Welten und Zeiträume verantwortlich ist.

Ich bin die Weiterentwicklung der Ordnung der Ringelblume mit der Nummer 10. Ich bin die 19, die 1 und die 9, das ist ebenfalls die Eins auf einer höheren Ebene. Erinnerst du dich? Die Eins war der Fliegenpilz, der das Netz schuf und erschafft, Urds Netz, unsichtbar im Untergrund, das alles vernetzt, alles verbindend. Die Ringelblume steht für Ordnung und ich bin nun die Ordnung in der Ordnung und die Ordnung über der Ordnung.

An mir kannst du erkennen, wie die Welt aufgebaut ist, und dass es eine unsichtbare Wurzel von allem gibt, die alles erschuf, erschafft und erschaffen wird, und dass es eine Zeit dauert, bis alles ans Licht dringt. Dass ein Plan vorhanden ist, den die Wurzel bereits kennt und den sie von einem einzigen kleinen Samen erhielt. Ein Same, der von irgendwoher kam, sich nicht mehr erinnernd, welcher Vogel ihn fallen ließ, ins Erdreich versenkend, wartend auf den richtigen Augenblick.
Ich warte auf dich, dass du das Wunder erkennst, deine eiligen Schritte bremst, mir zuschaust beim Wachsen, beim Ausbreiten meiner Universen und jedes Universum hat seine Zeit des Blühens, des Wachsens und des Vergehens. Ineinander verschachtelt, sich gegenseitig ausbalancierend, denn es ist eine Kraft, die die Quelle ist. Die Quelle allen Seins, die alles trägt.

Ich bin die Angelikawurzel, die das Geheimnis von Raum und Zeit trägt, die es dich erkennen lässt, die dich an deinem Wegesrand daran erinnert.
Du bist auf deinem Weg und in deiner Zeit, ich bin in meinem Raum und in meiner Zeit und doch begegnen wir uns. Du kannst mich erkennen und ich dich. Du folgst meinem Rhythmus, aber nicht meiner Zeit. Ich folge nicht deinem Rhythmus, der in deinen Schritten liegt, ich folge meiner eigenen Zeit.
Du kannst in mein Universum der Zeit eindringen und mich vor der Zeit pflücken. Ich dringe in dein Universum der Zeit, wenn du meine Wurzel als Heilmittel benutzt. Wir durchdringen uns und sind doch einzeln.
Wenn du die Zeit aufheben willst, musst du vordringen zur Wurzel, zum Keim, zum Samen, der Samen der Zeit, der sich nicht mehr erinnert, was davor war, der aus dem Nichts zu kommen scheint, der nur den Plan trägt, aber nicht die Erinnerung, und doch ist der Plan selbst die Erinnerung, wie alles begann.

Und das ist das Paradoxon, an dem ihr Menschen, an dem eure Gedanken zerbrechen, an dem sich Ewigkeit und Zeit zu treffen scheinen und es doch nicht tun. Indem ihr die Ewigkeit und die Grenzenlosigkeit erkennt und doch nicht fassen könnt. Sie entgleitet euren Fingern, euren Gedanken in dem Moment, wo ihr meint, es begriffen zu haben.
Zeit lässt sich nicht fassen. Sie fließt, sie fließt an euch vorüber, wie ein Fluss, der an euch vorbeifließt, und wie der Eimer, mit dem ihr das Wasser festhalten wollt, ein Sieb ist, und das Wasser, das ihr damit geschöpft habt, nur noch eine Erinnerung ist.
Aber deine Zeit und meine Zeit treffen sich, in dem Moment, wo wir aufeinandertreffen, wo mein Licht dich trifft und dein Licht mich, wo wir uns erkennen.

Meine Botschaft für dich

Des Menschen Ziel, der Zeit zu entrinnen, ist nicht in einem Leben möglich. Wie bei mir sind wachsen, blühen und Saat nötig, um dich in die Ewigkeit zu tragen. Und damit ist nicht nur die Verwirklichung in den Kindern gemeint, sondern all dein Tun, mit all deiner Energie, die du durch dein Leben in diese Welt bringst. Es ist die Energie, die aus dieser einen Quelle stammt, die sich fortpflanzt in die Ewigkeit. Denn jede deiner Handlungen hat Folgen und pflanzt sich ewig fort, ist Energie, die weitergegeben wird. Du bist ein Rad in dem Gefüge, das andere Räder in Bewegung setzt, wie meine Dolden kleine Räder sind.

Du hast das Gefühl, dein Rad, dein Leben ist zum Stillstand gekommen, oder umgekehrt, es dreht sich viel zu schnell, die Zeit fließt viel zu schnell an dir vorbei. Du kannst die Zeit nicht schöpfen, sie zerrinnt dir zwischen den Fingern.
Ich helfe dir, deine Zeit wieder auf das richtige Maß einzupendeln, dass du die Dinge und Ereignisse wieder so wahrnehmen kannst, wie du es gerne hättest und wie es sein sollte. Ich stimme dein Rad ab mit den

Rädern deiner Umgebung. Ich helfe dir, die Zeit für Dinge zu haben, die du brauchst, um in deine Mitte zu kommen, weder Stillstand zu fühlen noch zu viel eilige Windräder, die vom Sturm geblasen werden, der vielleicht gerade durch dein Leben fegt, der dich und deine gesamte Umgebung antreibt.
Zeit ist relativ und sie verändert sich, sie kann verändert werden, so wie meine Zeit und deine Zeit unterschiedlich sind und wir das unterschiedlich wahrnehmen.

Lass mich es dir so erklären:
Wenn dein Bewusstsein den Sturm wahrnimmt, dann wird er zum Sturm in dir. Du kannst aber auch den Sturm wahrnehmen und trotzdem ein ruhiger Sommertag bleiben, egal was um dich herum passiert. Drehe dein Rad nach deiner eigenen Geschwindigkeit und lass dich nicht drehen nach dem Tempo der anderen. Nimm dich zurück, gib dir deinen eigenen Raum und Abstand und du wirst in diesem Rädergefüge deine eigene Zeit leben.

Ich werde dir helfen, dabei die nötige Richtung zu finden und die nötigen Schritte zu tun, deine Energien so zu lenken, dass sie sich nicht mehr von den anderen Rädern anstecken lassen, dass sie die Räder finden, die deinem eigenen Tempo gleichen.
Zeit und Entfernung hängen zusammen. Du kannst dich entfernen und Zeit gewinnen, du kannst dich nähern und die Zeit beschleunigen. Sie ist vom Raum abhängig, den du dir selbst gibst.
Wenn du dich vom Sturm entfernst, wird der Wind immer langsamer werden. Wenn du dich dem Sturm näherst, wird er zunehmen.
Aber Raum und Zeit treffen sich an einem Punkt, im Zentrum des Orkans, im Zentrum des Rades, dort, wo sich die Speichen treffen. Das ist jedoch ein eigenes Thema, denn dort triffst du dich mit dir selbst, mit deinem Raum, in deinem Raum, in deiner Zeit, mit deiner Zeit. Dort

steht die Zeit still, dort erlöschen der Wind und die Gedanken. Dort ist das Tor zur Ewigkeit.
Es ist die Radnabe, um die sich alles dreht, um die sich dein eigenes Universum dreht, auf einem roten Stiel, der deine Lebenskraft von der Wurzel zu dir führt.

Ich helfe dir, zu diesem Zentrum zu kommen,
zu deinem Zentrum, um einen Augenblick des Stillstandes zu genießen,
Gedankenruhe,
Windstille,
eine Pause im Getriebe,
ein Stillstand der Zeit,
dem Universum lauschend und die Botschaft deiner Wurzel, deiner Quelle vernehmend.
Ich bringe dich zu deiner Quelle.
Lausche ihr ... jetzt.

*

Angelikawurzel war zwar auf meinem Plan, aber eigentlich war ich auf der Suche nach der Tollkirsche. Jeannette und Beo hatten einen Behördenweg zu machen. Ich wartete so lange im Auto auf sie und dachte darüber nach, was ich am Anfang des Buches noch zu den Texten schreiben könnte. Die Texte waren so verschachtelt und vernetzt, wie die Kunstwerke unserer Vorfahren vor Jahrtausenden, die in einem Stein viele Wesen erkannten, nicht nur beim Drehen des Steines, sondern auch ineinander verwoben an der gleichen Stelle. Als wir uns schließlich auf den Weg machten in ein Waldgebiet, kamen wir in eine Verkehrskontrolle. Es dauerte eine ganze Zeit und es wurde bereits langsam dämmrig, bis wir zu Fuß unterwegs waren. Wir fanden keine Tollkirsche, aber Angelikawurzel, die ich stattdessen mitnahm. Ja, wie verwoben ist das alles. Wäre die Verkehrskontrolle nicht gewesen, hätten wir mehr Zeit gehabt. Es sollte die Angelikawurzel sein, die sich am Nachmittag im Auto bereits ankündigte, ohne dass es mir bewusst war.

Die Angelikawurzel beschreibt bereits im Text, warum sie die Nummer 19 ist, die Eins und die Neun. Die 19 steht aber auch am Übergang zur 20, die Zwei auf einer höheren Ebene. Die Zwei steht für die Teilung, in der die Erschaffung der Welt liegt, mit der gleichzeitig die Zeit beginnt.

Zitronenmelisse

20. Die Zitronenmelisse – die Großmutter

Hallo, ich bin die Zitronenmelisse. Ich wachse gerne in euren Gärten und verströme meinen Duft. Mein Tee ist sehr lieblich und beliebt. Er legt sich wie eine heilende Salbe über euer Gemüt. Er tröstet euch, wie nur eine Oma euch trösten kann. Er legt sich beruhigend auf eure Gedanken und Emotionen, wie die Hand einer liebenden Großmutter auf euren Kopf, die Tränen abwischend, den Schmerz beseitigend, den das Leben verursachte, wenn man als Kind gestolpert war. Die hilfreiche Hand, die wieder auf die Beine stellt, damit der Lauf durchs Leben weitergehen kann.

Ich bin die Zitronenmelisse, die wie eine Großmutter weiß, was das Leben alles bringen kann, und dass, wenn die Aufregungen vorbeigegangen sind, alles nur noch halb so schlimm aussieht. Die deshalb beruhigt und die Aufmerksamkeit auf die schönen Dinge des Lebens lenkt, damit man nicht mehr nur den Schmerz wahrnimmt. Eine tröstende hilfreiche Hand, die das Leben kennt, die selbst das Leben erfahren hat, die den Schmerz kennt und deshalb mitfühlend Trost spenden kann.

Ich bin die Zitronenmelisse, die wie eine Großmutter weiß, wie wichtig Mitgefühl ist, das aus einem wahren Herzen der Liebe kommt. Ein Mitgefühl aus selbstloser Liebe, das die Schatten des Schmerzes vertreiben kann. Ich, die jederzeit ein Taschentuch bereithält, um die Tränen abzuwischen, und die auf das Gesicht wieder ein vorsichtiges Lächeln zaubert. Ihr solltet weiß Gott meinen Tee öfter trinken!

Ich bringe die Sonne in eure Herzen zurück, ich wärme euch. Ich drücke euch an mein Herz. Spüre, wie wohl das tut, diese Liebe zu spüren. Liebe zieht Liebe an, so ziehe ich Bienen an, die meine Blüten besuchen, wie die Enkel ihre Großmutter besuchen.

Ich stehe für die Energie, die nur zwischen Großeltern und Enkeln herrscht. Die einen stehen am Anfang des Lebens, die anderen am Ende. Das ist die Harmonie zwischen beiden. Die Großeltern geben und die Enkel nehmen. Beide tun das gerne und die Enkel haben die Aufgabe, diese Gabe weiterzureichen an ihre Enkel. Das ist der Ausgleich.
Dieser Ausgleich geschieht aber nur, wenn die Großmutterliebe eine reine selbstlose Liebe ist, die absichtslos handelt, denn sonst wird das Vertrauensverhältnis zwischen Eltern, Kindern und Großeltern gestört, was zu vielen Zerwürfnissen in euren Familien in der Vergangenheit geführt hat. Das schadet allen drei Generationen und nützt keinem.

Meine Botschaft für dich

Du kommst vertrauensvoll zu mir in einer Zeit der Spannungen, Tragödien und Aufregungen und suchst Beistand bei all diesem. Du suchst jemanden, an dessen Schulter du dich lehnen kannst und der dir eine Stütze ist, der deine Nerven beruhigt und dir eine Insel der Ruhe gibt. Jemand, der dir Rückhalt und guten Rat gibt und mit seinem Erfahrungsschatz beiseite steht, der dich lieb hat in all dem Elend und dir Mut und Zuversicht gibt. Bei all dem bin ich dir wie eine gute, liebe Großmutter und helfe dir nach meinen Kräften.
Und siehst du, nach all dem wird sich herausstellen, dass alles nicht so heiß gegessen wird, wie es gekocht wird. Das ist der Rat der Großmutter an dich. Und zum Schluss wirst du bemerken, dass alles einen guten Zweck hatte, dass es sogar von Nutzen für dich ist, dass es dich in deiner Entwicklung weiterbringt. Die Großmutter weiß, von was sie spricht. Denn sie hat all das bereits vor dir selbst erlebt.

Besuche mich in meinem Garten, lausche den Vögeln und atme den Duft der Blumen ein. Spüre die Umarmung der Natur und setze dich mit mir auf die Bank.

Es ist ein Ort des Rückzugs und der Erholung, um Abstand zu gewinnen und die Dinge von außen zu betrachten, mit den Augen der Großmutter zu sehen, einen Lichtstrahl zu erhaschen, der ein ganz anderes Licht darauf wirft. Ein Licht, gedämpft durch das Blätterdach des Gartens, ein weiches Licht, die Härte nehmend. Alles erscheint plötzlich in einem völlig anderen Licht, eine andere Position, die einen Weg freigibt in dem hohen Gras des Gartens, den du vorher gar nicht wahrgenommen hast.
Ich bin die Zitronenmelisse, die dir hilft, diesen Weg zu entdecken im Garten deiner Großmutter, in deren Reich, mit deren Energie, Verbindung herstellend, eine ganz andere Richtung gebend.

Affirmation: Ich bekomme den Beistand, den ich brauche.

*

Ich liebe den Tee aus den frischen Blättern der Zitronenmelisse seit vielen Jahren und habe ihn in den Workshops gerne angeboten. Als ich in der schamanischen Trommelreise der Zitronenmelisse begegnete, umfing mich eine überwältigende sanfte Liebe, die mir die Tränen in die Augen trieb.

„Ihr solltet weiß Gott meinen Tee öfter trinken!“ – Als dieser Satz während der Verreibung kam, musste ich lauthals lachen.

Waldgeissblatt

21. Das Waldgeißblatt – der Wanderer

Ich bin das Waldgeißblatt. Mit meinen auffallenden Blüten kann man mich im Wald nicht übersehen. Wer vermutet denn schon so eine schöne große Blüte im dunklen Wald. Und doch ist das meine Heimat. Ich ranke hoch hinauf an den dicken Stämmen der Bäume, ein dichtes Unterholz bildend. Meine Äste schlingen sich wie Lianen von Baum zu Baum, von Ast zu Ast, so dass man gar nicht mehr erkennen kann, wer zu wem gehört oder was zu was.

In der Nacht verströme ich einen betörenden Duft, dem niemand widerstehen kann. So locke ich die Insekten an, mich zu bestäuben.

Ich mache das Blätterdach so dicht, dass kaum noch ein Sonnenstrahl bis zum Boden dringt, umschlingend die Stämme so stark, mit meinen kräftigen Armen, dass sich im Laufe der Jahre Spiralen in die Rinde der Bäume schnitzen. Schön sieht das Holz damit aus, Spiralen des Lebens auf dem Weg nach oben, geschnitzt durch das Wachstum.

Ich bin das Waldgeißblatt, das in der Nacht duftet, das für Leben in der Nacht sorgt, die Nachtfalter anlockend, das aber auch den Wald am Tag verdunkelt durch die dichten Blätter. Ich ranke mich von Baum zu Baum, von Ort zu Ort, ein Wanderer zwischen den Welten, ein Magier, ein Druide, der die helle Welt oben und die dunkle Welt unten kennt, der den Tod und das Leben kennt, der Licht und Schatten kennt, der den Schatten macht, um das eigene Licht besser erkennen zu können, damit du dein eigenes Licht erkennst.

Meine roten Beeren sehen verführerisch aus, sind aber giftig. Ich bin Leben und Tod zugleich, ein Wanderer eben zwischen den Welten.

Meine Botschaft für dich

Du kommst zu mir, weil du dich nach der dunklen Seite sehnst, weil du die dunkle Seite rufst, um dich selbst besser kennenzulernen, die dunkle Seite, die Weisheit und Selbsterkenntnis bringt. Im Licht des Tages ist zu viel Ablenkung, Ablenkung vom Wesentlichen, in der Dunkelheit der Nacht muss man genau schauen, wenn man etwas erkennen möchte.

Was möchtest du erkennen?

Das Wirrwarr meiner Lianen ist verwirrend, ist kaum zu durchschauen. Was verwirrt dich, was durchschaust du nicht? – Wo der Anfang, wo das Ende ist? Was wohin gehört, wem was gehört? Wer der Stärkere ist? Der Baum oder das Geißblatt?

Du musst erst deine Augen an die Dunkelheit gewöhnen, du musst deine Angst überwinden, wenn du etwas erkennen willst. Du musst eins werden mit der Nacht und die unbekannten Geräusche lieben lernen. Vorher siehst du nur Gespenster, gaukelt die Nacht dir Dinge vor, die nicht bestehen, die nur in deiner Fantasie bestehen, die dich foppen, die deine Angst noch größer werden lassen.
Ich kann dir helfen, diese Ängste zu überwinden und die Nacht zu genießen, so dass du dich in der Nacht erholen kannst, anstatt in Schrecken zu verbleiben, was dir deine ganze Energie raubt und davonträgt, wo sie doch Erholung bringen sollte.
Ich helfe dir, die Angst vor dem zu überwinden, was um dich herum geschieht, so dass du erkennen kannst, was wirklich abläuft, wo die Verstrickungen sind, was mit was zusammenhängt, wer mit wem. Wo du dir etwas vorgemacht hast, was ein Trugbild war.

Ich bin ein Wanderer zwischen den Welten und nehme dich mit auf meine Reise, führe dich die verschlungenen Pfade entlang, die dich

erkennen lassen, wer du bist und wer die anderen sind, was du möchtest und was die Absicht der anderen ist.
Mein Weg führt dich nach oben zum Licht und nach unten in die Dunkelheit. Du kannst selbst entdecken, wo dein Platz ist, welche Nachbarn, welche Wesen dir guttun, wo deine Freunde sind. Ich helfe dir dabei.
Ich bin der Schamane, der weiß, was dir Halt gibt, was dich trägt und wer dich auf deinem Weg nach oben unterstützt oder wer dich hängen lässt. Ich lasse dich das erkennen.
Ich führe dich auf vielen verschlungenen Pfaden, damit du erkennst, wo deine Heimat wirklich ist, wo du hingehörst, wo dein Platz ist, wem du Vertrauen schenken kannst.
Ich öffne meine Blüten für dich in der dunkelsten Stunde deines Lebens, um dir meinen Duft zu schenken, um über Verlust und Verrat hinwegzukommen. Das ist die Medizin, die ich dir mit auf den Weg gebe, damit du deinen Platz findest und diesen annehmen kannst. Ich bin ein Wanderer und gehe mit dir, bis du deine Heimat gefunden hast, bis du bei dir selbst ankommst, bis du weißt, dass du überall zu Hause bist, wenn du bei dir angekommen bist.
Dann kannst du auch die Menschen um dich herum so annehmen, wie sie sind, so lassen, wie sie sind, jeder auf seinem Weg zu sich selbst.
Du siehst die Verstrickungen und kannst sie nun lassen, du erkennst die Muster und richtest deinen Blick auf die Blüten darin und nimmst deinen eigenen Weg.

*

Interessant für mich war zu lesen, dass das Waldgeißblatt (Honeysuckle) die Bachblütenessenz gegen Heimweh ist und „sich nicht von der Vergangenheit lösen können“ beinhaltet. Die Beeren des Waldgeißblattes sind giftig.

Lavendel

22. Der Lavendel – Verbindung von Erde und Himmel

Ich bin der Lavendel, hochverehrt im Altertum. Meine Heimat sind die Länder des Mittelmeerraumes. Ich liebe die Sonne und verströme meinen Duft in der Hitze des Tages. Ich bin eine Blume der Sonne und gehöre in den Tempel Apollons. Dort verbreitete ich meinen Duft. Ich bin Apollons Geschenk an die Muttergöttin Gaja. Ich bin das Symbol der Verbindung zwischen Mutter Erde und der Sonne. Ich benötige beide, um zu wachsen und zu gedeihen.
Deshalb bin ich das Geschenk Apollons an die Priesterinnen von Gaja im Tempel von Delphi, an die Pythia, das Orakel von Delphi.
Ich bin die Verbindung, die nötig ist, um das Orakel zu sprechen, die Verbindung zwischen den Energien der Erde und den Energien des Himmels. Ich versprühe meinen Duft, um diese Verbindung herzustellen.

Räuchere mich, verreibe mich und ich werde dir weissagen. Heute verwendet ihr mich unbewusst in den Parfüms, um angenehm auf andere Menschen zu wirken, um Partner anzuziehen, so wie ich die Bienen betöre mit meinem Duft.
Meine Fähigkeiten sind aber auch heilerischer Art. Ich kann Infektionen bekämpfen und Hautprobleme lösen. Ich wurde für Frauenleiden eingesetzt, fördere den Schlaf, beruhige die Nerven und vieles mehr. Jetzt kennst du meine Geheimnisse und sie sollen nicht länger Geheimnisse bleiben.
Setzt mich in eure Gärten, ich bin Futter für die Bienen den ganzen Sommer lang. Die Bienen werden von Apollon zu mir geschickt. Einst nährte Melissa mit dem Honig den jungen Zeus – der Honig von den

Bienen, die einst als Tränen des Sonnengottes auf den Boden von Mutter Erde fielen.
Ich bin eng verbunden mit der Götterwelt, mein Nektar ist Götterspeise.

Meine Botschaft für dich

Wenn ich in dein Leben trete und du meine Nähe benötigst, dann suchst du nach göttlicher Nahrung. Du hegst Zweifel in bestimmten Dingen und Angelegenheiten und suchst nach Entscheidung. Wer könnte dir helfen, die richtige Entscheidung zu treffen?

Suche meine Nähe, berausche dich an meinem Duft und ich werde dir helfen, den Weg zu finden, wo und wie du Weissagung erhalten kannst. Ich lenke deine Gedanken und Schritte zu Hinweisen, die dir hilfreich sein können für deine Entscheidung.
Aber beachte: Die Sprüche der Pythia sind oft so oder so zu deuten. Schon mancher hat sich im Garten der Pythia verirrt.

Affirmation: Ich treffe die richtige Entscheidung.

*

Die gewöhnliche Anwendung von Lavendel ist das Duftöl, z. B. in der Aromatherapie, aber auch getrocknet in Duftkissen oder geflochtene Bänder und Sträußchen. Traditionell kann Olivenöl mit Lavendel versetzt werden und als Duftöl verwendet werden.
Wer den Lavendel innerlich als subtilere Nahrung sucht, kann Lavendelhonig aus Frankreich beziehen. Ansonsten wird er innerlich ganz gering als Gewürz eingesetzt.
Traditionell wurde er auch wie im Text beschrieben zum Räuchern verwendet.

Löwenzahn

23. Der Löwenzahn – der spirituelle Krieger

Hallo, ich bin der Löwenzahn, ich bin dir ein ständiger Begleiter in der Flur. Ob am Wegesrand oder auf den Wiesen. Ich bin überall, wo die Sonnenstrahlen hinkommen. Sonnenstrahlen, so strahlend wie meine Blüten.

Ich bin eine Sonnenanbeterin. Wenn die Sonne weg ist, schließe ich meine Köpfchen und warte ab. Der nächste Sonnenstrahl kommt bestimmt. Ich wachse unverdrossen. Auch wenn ihr mich abmäht, komme ich wieder. Und wenn ihr versucht, mich aus dem Gemüsebeet zu entfernen und meine Wurzeln herausreißt, ich widerstehe euren Versuchen, mich zu vertreiben. Ein Stück von mir bleibt sicherlich tief in der Erde und wächst unverdrossen wieder nach oben.
Oh, ja, sagst du? Genau, den Versuch hast du auch schon unternommen. Aber ich bin stärker! Ich habe ungeheure Energien. Energien, die ihr an euch auch beobachten könnt, wenn euch die Wut packt, wenn ihr enormen Ärger verspürt und eure Galle und Leber überkochen. Wenn sich diese Kräfte entladen und ihr euch jedoch nicht wehren könnt, wenn ihr am liebsten mit dem Kopf gegen die Wand rennen würdet, womit ihr euch aber selber mehr schadet als dem „Übel“ selbst, das trotzdem munter weiter wächst wie ich.
Mit brachialer Gewalt die Wurzel zu entreißen bringt eben nichts, außer dass ihr eure Kräfte sinnlos und zerstörerisch einsetzt für nichts und wieder nichts. Dabei bin ich doch gerade dazu da, um euer Gemüt zu beruhigen, eure Galle und Leber abzukühlen, um euch von eurer Wut und eurem Ärger zu heilen.

Ich bin eine kriegerische Pflanze, ich schicke meine Fallschirmtruppen aus, neues Terrain zu erkunden, wo ich mich niederlassen kann.
Ist es nicht intelligenter, mit mir zu leben, als mich zu bekämpfen?
Wie wäre es, mal genauer hinzusehen und meine Vorzüge zu erkennen, als immer nur die Nachteile und den Anstoß der Wut und des Ärgernisses in mir zu sehen?
Es ist nicht gut, gegen den Strom schwimmen zu wollen. Diese Kraft des Wassers wird euch mitreißen und hinwegspülen.

Ich bin der Löwenzahn und erinnere euch daran, dass die Kämpfe, die ihr führt, sinnlos sind und nur zu Schmerz, Zerstörung und vorzeitigem Tod führen. Wut ist genauso ein schlechter Ratgeber wie Angst. Und Wut trägt die Zerstörungskraft in sich. Eure Handlungen in Wut sind nicht mehr zu heilen. Was zerstört ist, ist zerstört. Es hinterlässt Narben, Narben in der Seele, Narben im Körper und Narben in der Landschaft.
Ich bin dazu da, um größeren Schaden zu vermeiden, wenn ihr in eine Situation geraten seid, die Wut und Ärger hervorgebracht hat.
Ich führe euch zurück auf die Verletzung, die der wahre Kern für eure Wut ist, die die Wut selbst überdeckt. Ich öffne eure Sinne, ich lenke eure Energien zu dem Punkt, der die wahre Ursache war, so dass ihr erkennen könnt, dass es gar keinen Grund gibt, wütend zu sein, sondern dass es etwas ganz anderes in euch gibt, das gesehen werden will.

Meine Botschaft für dich

Wenn du mich gewählt hast, dann bist du in einer Situation, wo du das Gefühl hast, nicht mehr du selbst zu sein, du platzt förmlich oder bist davor zu explodieren. Das kann sich auch in deinem Gedärm austoben mit Blähungen, Aufstoßen oder Sodbrennen. Du spürst Wut und Ärger.

Ich helfe dir dabei, dich wieder selbst zu finden, dich zu beruhigen und die ganze Situation in Ruhe zu überdenken. Ich kann dir helfen, deine eigenen Verletzungen zu finden, die dich immer wieder in die Wut und in den Ärger drängen. Hinter Wut steckt oft Hilflosigkeit, einer Situation hilflos und ohnmächtig ausgesetzt zu sein, nicht gehört zu werden, wie ich selbst, wenn ihr mich immer wieder herauszureißen versucht.
Aber ich weiß, dass ich mich friedlich zur Wehr setzen kann, dass ich keine Wut brauche, um weiterzuwachsen, und meinen Weg trotzdem gehe. Ich wachse einfach, wenn nicht hier, dann woanders. Es gibt immer eine Lösung, es gibt immer einen Weg, auch wenn eine Situation noch so aussichtslos erscheint. Suche diesen Weg in aller Ruhe, wenn du in deiner Mitte bist, dann wirst du ihn auch finden. Ich helfe dir dabei.

Wut führt zu kriegerischen Akten. Ihr habt genug völlig sinnlose Kriege auf dieser Welt. Ihr könnt auch diese Kriege beseitigen, wenn ihr den Menschen helft, aus der Hilflosigkeit und Aussichtslosigkeit der Situation herauszukommen.
Ohnmacht und Hilflosigkeit führen zu Wut und Zorn. Gebt den Menschen die Möglichkeit, sich friedlich zur Wehr setzen zu können, und ihr werdet keine Kriege mehr nötig haben. Schenkt ihnen Gehör, findet ihre wahren Bedürfnisse, so wie ihr bei euch selbst den wahren Grund für eure Wut entdecken müsst. Zuversicht und Hoffnung löschen die Wut.

Das ist die Botschaft des Löwenzahns.

Borretsch

24. Der Borretsch – der Clown

Hallo, ich bin der Borretsch, ich bin ein fröhliches Kerlchen, ich stecke jeden an mit meiner Lebensfreude. Diese drückt sich auch in meinem munteren Wachstum aus. Auch wenn dadurch meine Blätter etwas unordentlich wirken.

Ich lade dich ein, mit mir zu kommen in meine Pflanzenwelt, in mein Dasein. Ich hinterfrage nicht, warum ich gerade hier stehe, es könnte genauso gut ein anderer Platz sein. Das hat dazu geführt, dass ich fast überall in den Gärten bin, problemlos und nicht wählerisch.
So wie ich munter darauflos wachse, so kannst auch du sein, wenn du nicht so viel nachdenken würdest über das Wieso und Warum. Nimm dir ein Beispiel an mir. Was hast du von deiner Grübelei? Nimm die Dinge so, wie sie sind, und du bist glücklich. Das ist ein einfaches Rezept, aber für euch scheint es schwierig zu sein. Immer müsst ihr alles hinterfragen und macht euch dadurch das Leben schwer. Was habt ihr bloß davon?
Schaut mich an, ich bin ein gern gesehener Gast. Meinst du, dass ein Gast, der schlecht gelaunt und miesepetrig daherkommt oder an allem was auszusetzen hat, sich beliebt macht?

Ich helfe euch dabei, alles etwas lockerer zu sehen und zu nehmen.
Natürlich, ich geb`s ja zu, dass auch manche lustigen Gesellen ihre Fröhlichkeit wie eine Fassade vor sich hertragen, um ihre Traurigkeit dahinter zu verbergen. Ich möchte euch ehrliche Fröhlichkeit und Unbeschwertheit schenken. Das ist meine Aufgabe in der Natur.

Meine Botschaft für dich

Du kommst zu mir in einer Phase deines Lebens, wo dir die Fröhlichkeit und Unbeschwertheit verloren gegangen ist, auch wenn du es versuchst zu verstecken und dir nichts anmerken lässt. Ich bin der Borretsch, der dir helfen wird, deine Fröhlichkeit zurückzugewinnen. Der erste Schritt dazu ist, dass du dir selbst eingestehst, dass du dir und den anderen etwas vormachst.

Du bist wie der tragische Clown, der die Leute mit seiner Tragödie und seiner Traurigkeit zum Lachen bringt. Wie wäre es, die echten Emotionen zuzulassen und nicht mehr den Clown zu spielen?

Erst dann kannst du die Schauspielerei lassen und wirst zu dir selbst und zu deinem wahren Ich zurückkehren und identisch mit dir selbst werden.

Siehst du, und das ist wie bei mir. Die Menschen mögen mich im Garten, weil sie sich nicht viel um mich kümmern müssen, aber meine Blätter sind rau und unnahbar und im Chaos – so wie du im Moment bist. Du lässt niemanden tatsächlich an dich heran, unnahbar eben, denn es könnte jemand deine Verletzung und deine Verletzlichkeit feststellen und deine Maske würde heruntergerissen werden. Das lässt dein Clown natürlich nicht zu. Aber wenn du es schaffst, aus dem stacheligen Blätterwald herauszuwachsen, dann kannst du dich befreien und wahrlich wunderschöne Blüten emportreiben und zu dem werden, was du wirklich bist.

Du könntest deine wahre Identität zeigen, dein wahres Gesicht, das den rauen Blätterwald als Versteck nicht mehr nötig hat, eine wunderschöne Blume im Garten Gottes.

Ich gebe dir die Kraft, dein wahres Gesicht zeigen zu können. Ich gebe dir die Kraft, zu deinen Emotionen zu stehen und sie zuzulassen. Ich gebe dir die Kraft zu deiner wahren Identität.

Jetzt darfst du wieder Witze machen und fröhlich sein. Jetzt bist du kein tragischer Clown mehr. Jetzt bist du frei – jetzt bist du – du selbst.

*

In der schamanischen Trommelreise erschien mir der Borretsch als lustiger kleiner Clown, der es gar nicht erwarten konnte, in das Buch zu kommen. Bei Recherchen fand ich genau diese Entsprechung bei den alten Überlieferungen: Plinius schrieb: Ich Borretsch bringe immer Freude. In Ostpreußen hieß die Pflanze Wohlgemuth.

Borretsch enthält kleine Mengen (etwa 10 mg pro Kilogramm getrocknete Pflanze) verschiedener Pyrrolizidinalkaloide, die als toxisch für die Leber gelten. Deshalb meint man eine therapeutische Anwendung von Blüten und Kraut als nicht vertretbar beurteilen zu müssen und hat diese uralte Heilpflanze aus dem offiziellen therapeutischen Arsenal verbannt. Aber wer isst schon 1 kg (noch dazu getrocknete) Borretschblätter? Und selbst wenn: In den spanischen Pyrenäen wird der Borretsch traditionell mit Kartoffeln und Knoblauch wie bei uns der Spinat serviert. Sie sind Bestandteil der Frankfurter und Kasseler Grünen Soße. Es gilt wie immer: Die Menge macht´s, ob etwas Gift oder Arznei ist.

Die Blüten und Samen sowie das aus den Samen gepresste Borretschöl enthalten diese Alkaloide nicht oder nur in Spuren. Die Blüten enthalten viel Kalium und die Samen enthalten Gamma-Linolensäure, Linolsäure und Alpha-Linolensäure, das sind ungesättigte Fettsäuren, die bei Neurodermitis eingesetzt werden.

Heidekraut

25. Das Heidekraut – der eigene Raum und Anspruch

Ich bin das Heidekraut und möchte dir meine Geschichte erzählen. Ich krieche mit meinen Ästen über den Boden und kann mich auf diese Weise fortbewegen. Ich treibe von meinen Ästen aus Wurzeln in den Boden. Ich widerstehe Trockenheit und Sonne. Ich habe Tausende von kleinen Blüten und färbe damit die Landschaft rosarot ein. Ich gebe Honig den Bienen, die mich gerne besuchen.

Ich bin eine Alchemistin und verändere den Boden unter mir. Ich schaffe Gestein, ich führe zu Ablagerungen in der Tiefe und verhindere dadurch Baumwuchs und erhalte damit meine eigenen Räume.

Ich schaffe es, mir meinen eigenen Raum zu schaffen und zu bewahren. Meine Heideflächen durchstreifen die Heidschnuckenschafe. Sie haben so eine raue Wolle, die zu meiner stacheligen Umwelt passt, wie der Wacholder, der gerne in meiner Nachbarschaft wächst.

Ich stehe gerne auf Sand, meine Wurzeln halten ihn fest. Ich bin ein Stratege, denn ich überwachse Flächen auf sandigem Untergrund und verhindere durch meine Bodenveränderungen auf lange Frist den Baumbewuchs. Ich halte so nicht nur den Raum für mich frei, sondern auch für meine lieben Nachbarn, den Wacholder und die Schafe. So pflege ich gute Nachbarschaft in einer Welt, in der es nicht einfach ist zu überleben.

Das Wasser versickert im Sand und die Nährstoffe sind rar. Aber als Alchemistin schaffe ich das Überleben und tue fast Unmögliches. Unter mir im Boden sammelt sich Eisen im Gestein, so rostrot, wie ich selbst manchmal aussehe im Jahreslauf. Ich verhindere damit, dass das Wasser in tiefere Schichten versickert, und die Wurzeln der Bäume können das Gestein nicht mehr durchdringen. Ich verändere den Raum so, dass er für mein Überleben ideal wird.

Meine Botschaft für dich

Du hast mich ausgewählt, weil du unter den Bedingungen, unter denen du zurzeit lebst, Angst um dein Überleben hast. Es ist nicht so, wie du es gerne hättest. Du fühlst dich von deiner Umgebung bedroht, in deiner Existenz bedroht. Das lebensnotwendige Wasser wird dir abgegraben und du suchst nach einer Lösung.

Ich kann dir helfen, die Angst zu überwinden und dich auf deine eigenen Fähigkeiten zu besinnen. Ich mache dich zu einer Alchemistin für deine Umgebung und in dir selbst. Ich zeige dir, dass du auch unter den widrigsten Umständen blühen und sogar Nektar geben kannst für das Überleben anderer.
Angst hilft dir nicht weiter, es schnürt dich ein und macht dich handlungsunfähig. Ich gebe dir dein Selbstvertrauen zurück, dass du es aus dir heraus schaffen kannst, das zu bekommen, was du für dein Überleben brauchst, wie das Wasserreservoir, was ich mir selbst schaffe, wie die Mauer, die ich im Untergrund baue, um mein Verdrängen zu verhindern. Ich schaffe es, meinen persönlichen Raum zu erhalten, und das gelingt dir durch mich auch.

Ich bin das Heidekraut und zeige dir, dass für jeden genug Platz zum Leben da ist und genug Nahrung. Dass es keinen Grund für deine Angst gibt und du die Fähigkeit besitzt, deinen Platz zu behaupten und du deine Ansprüche mit Selbstbewusstsein und Selbstvertrauen vorträgst. Und dass du dadurch deine Hilfsbereitschaft, zu der du aus Angst nicht mehr fähig warst, wieder leben kannst, so wie ich für die Heidschnucken, die Bienen, den Wacholder und viele andere da bin.
Ich sorge dafür, dass du deine Ansprüche angstfrei und selbstbewusst einforderst und durchsetzen kannst. Ich bin eine kraftvolle Pflanze, eine Alchemistin, eine Strategin, die dir die Eigenschaften verleiht und die

Baustoffe liefert, die du benötigst, um deinen Raum abzugrenzen und deine Ansprüche zu sichern.

Du wirst erhalten, was du brauchst.

Manchmal ist es wichtig, strategisch im Leben vorzugehen, längerfristig zu planen, um seinen Raum und seine Ansprüche durchzusetzen. Ich werde dir helfen, die richtige Taktik zu finden, die Geduld aufzubringen, den Plan umzusetzen, genauso wie ich viele Jahre benötige, um die Mauer im Untergrund zu bauen. Manchmal ist das Ziel nicht kurzfristig zu erreichen, sondern nur auf Umwegen.
Der Erfolg ist dann umso größer, so wie meine Mauer im Untergrund selbst für die starken Wurzeln der Bäume undurchdringlich geworden ist und sie sich deshalb andere Orte zum Leben suchen müssen. Sie müssen weichen und ich kann bleiben. So wirst auch du deinen Raum erfolgreich verteidigen und deine Ansprüche erhalten.

Affirmation: Ich habe den Raum, den ich brauche. Ich setze meine Ansprüche durch.

*

Das Heidekraut hat mich überrascht. Durch einen Aufenthalt vor vielen Jahren in der Lüneburger Heide war mir zwar der Vorgang dieser Gesteinsbildung durch die Ausfällung von Eisen bekannt (wissenschaftliche Bezeichnung Podsolierung und Ortstein), aber niemals hatte ich das in einem solchen Zusammenhang gesehen, dass das Heidekraut dadurch gezielt für sich und z. B. für den Wacholder die Besiedelung durch Bäume verhindert. Diese Revierabgrenzung passt präzise zu seiner Anwendung als Tee bei Blasenentzündungen. Erstens hat es mit dem Wasser im Körper zu tun und zweitens entstehen Blasenentzündungen psychisch, wenn man sein Revier eben nicht abgrenzen kann. In der Tierwelt markieren die Tiere mit dem Urin ihr Revier. Dieses Programm ist auch bei uns noch auf der psychischen Ebene vorhanden. Die Nierensteinbildung kann man als Konflikt beschreiben, seine inneren Reviergrenzen nicht abstecken können, z. B. nicht wissen, welcher Meinung man sich anschließen soll (nach Dr. Hamer, siehe Literaturverzeichnis). Und auch der damit evtl. einhergehende Selbstwerteinbruch spielt eine Rolle, denn der Blasenmeridian in der chinesischen Medizin ist mit dem Selbstwertgefühl verbunden. Er führt an der Wirbelsäule entlang und ist für die Aufrichtung zuständig, die das Selbstwertgefühl in der Körperhaltung ausdrückt.

Ich dachte überhaupt nicht an das Heidekraut, als es mir in einer Nacht ununterbrochen in den Träumen erschien. Ich hatte noch zahlreiche andere Kräuter auf meiner Liste. Es war bereits der 17. November. So machte ich mich auf die Suche und fand tatsächlich an einer Gartenabgrenzung einen Busch. Am Nachmittag hatten Beo und ich eine Diskussion, wie der Stand der Dinge um uns herum war und wie wir unsere Ansprüche durchsetzen konnten und wie viele Schritte bisher dazu nötig waren und noch sein werden und welche Erfolge wir bisher verbuchen konnten – kurzum wir zogen eine Zwischenbilanz. Am nächsten Tag machte ich die Reise zum Heidekraut. Im Nachhinein bin ich einfach sprachlos.

Storchschnabel

26. Der Storchschnabel – die Seelenempfängerin

Das Ruprechtskraut (Ruperts Storchschnabel – Geranium robertianum) hat noch einen zweiten wichtigen Namen: Gottesgnadenkraut. Die Pflanze hat mir zwei getrennte Texte gegeben, für jeden Namen einen. Es ist also wichtig, sich für einen der beiden Namen zu entscheiden.

Ruprechtskraut

Ich bin das Ruprechtskraut, nenne mich das Ruprechtskraut. Ich bin ein Heilkraut, ich liebe den Schatten. Die Menschen empfinden meinen Geruch als unangenehm. Ich strecke meine Stängel grazil in die Höhe, an denen meine kleinen Blüten sitzen. Mein Laub bedeckt den Boden und beschattet ihn.

Ja, ich bin grazil wie eine Tänzerin. Ich stehe hier im Schatten und warte auf meinen Tänzer, der mich zum Tanz auffordert. Ich bin etwas verborgen und versteckt, man sieht mich nicht gleich, unauffällig warte ich. Wer wird mich zum Tanz holen? Ich wage mich nicht aus dem Schatten hervor, ich möchte unauffällig bleiben und doch auffallen, um einen Partner zu finden. Selbst durch meinen Duft ziehe ich niemanden wirklich an. Doch meine kleinen Blüten wollen entdeckt werden.

Es ist ein Spiel, nicht zu viel und auch nicht zu wenig aufzufallen, lieber im Schatten zu bleiben, im Schatten von anderen und schattenspendend für noch andere. Wirst du mich trotzdem finden? Wirst du meine Schönheit trotzdem entdecken?

Es ist ein Versteckspiel, ich liebe dieses Spiel, das Spiel, nicht gleich in erster Reihe zu stehen. Meine Eroberung ist nicht leicht und bedarf der Suche, und mein Partner ist jemand, der sorgsam wählt und nicht gleich auf die größte und schönste Blume fliegt. Ich stehe hier im Schatten und warte auf jemanden, der meine versteckte Schönheit erkennt und meine Schönheitsfehler, meine Mängel und meine Unzulänglichkeiten anzunehmen weiß und trotzdem zu mir hält. Ich schätze ihn und liebe ihn deshalb umso mehr.

Meine Botschaft für dich

Du bist auf der Suche nach einem verlässlichen Partner, wenn du mich gewählt hast. Deine verborgene Schönheit möchte entdeckt werden, auch wenn du sie zu verstecken suchst.
Es ist eine grazile, zarte Schönheit deines inneren Kerns, und du suchst jemanden, der das zu würdigen und zu schätzen weiß und den du darum lieben möchtest. Aber im Schatten gefunden zu werden ist nicht einfach und viele sind zu deinem Bedauern schon vorbeigezogen, ohne dich erkannt zu haben. Und auffallen ist wahrlich nicht dein Thema, obwohl du dein schönes Tanzkleid trägst.

Ich werde dir helfen, dass du trotzdem deinem Partner begegnest, dass du gesehen wirst und dass dein wahrer Kern zum Vorschein kommt.
Ich werde dir helfen, dass auch der Schatten, in dem du stehst, erhellt wird, damit du gesehen werden kannst. Ich gebe dir das Selbstbewusstsein, aus dem Schatten treten zu können und die Angst vor dem Licht zu verlieren. Ich werde dir helfen, das Licht auszuhalten, und dass du das Lampenfieber verlierst.
Tanze, mein Kind, tanze dich frei. Du musst nicht mehr länger im Schatten von anderen stehen und warten, bis du erwählt wirst. Ich gebe dir Mut, zu dir selbst zu stehen mit allen Fehlern, Mängeln und Unzulänglichkeiten. Ich helfe dir, dich selbst zu lieben, dich selbst anzunehmen, wie du bist, und du wirst sehen, dass du eine ganz andere Wirkung auf deine Umgebung entfaltest. Erst wenn du dich selbst liebst, wirst du es wert sein, geliebt zu werden. Erst wenn du dich selbst wertschätzt, wird dich ein anderer wertschätzen.

Ich bin da, um dich darin zu unterstützen. Ich bin da, damit du fähig wirst, aus deinem eigenen Schatten herauszuschreiten, wie eine Tänzerin im Rampenlicht.

Gottesgnadenkraut

Meine Botschaft für dich

Du hegst einen Kinderwunsch. Du stehst da und wartest, dass dir dein sehnlichster Wunsch nach einem Kind erfüllt wird. Ich heiße auch Gottesgnadenkraut, weil ich dir bei dieser göttlichen Gnade der Empfängnis beiseitestehen kann.

Ich bin eine Heilung auf der seelischen Ebene, für etwas, was dich behindert, ein Kind zu empfangen. Ich kann deine Seele heilen, so dass du bereit bist, eine andere Seele zu empfangen. Ich befreie dich von dem Druck, unter dem du stehst, wenn wieder keine Seele zu dir kommen wollte.

Denn das ist das Wichtigste, dass du frei bist von allem Zwang. Denn empfangen können setzt voraus, dass du selbst frei bist – frei und leer. Wenn dein Kelch besetzt ist von Sorgen, Nöten und Ängsten, dann ist dort kein Platz mehr für eine andere Seele, die ihren eigenen Raum braucht, der rein und leer sein sollte.

Ich helfe dir, deinen Kelch zu reinigen. Ich helfe dir, die Last loszulassen und einen unbeschwerten Tanz zu tanzen, mit Leichtigkeit und Vertrauen. Vertrauen darauf, dass eine Seele willkommen ist, wann immer sie kommen möchte, nicht heute, nicht morgen und nicht übermorgen, sondern dann, wenn sie es selbst für richtig empfindet, und dass der Zeitpunkt immer der richtige sein wird.

*

Das Gottesgnadenkraut[5] spricht von Reinigung und es ist interessant, dass von anderer Seite bestätigt wird, dass der positive Effekt bei Kinderwunsch zwar bisher nicht erklärbar ist, aber aus den Erfahrungen heraus die Pflanze schon seit langem erfolgreich dafür eingesetzt wird (im Übrigen auch von der Spagyrik). In diesem Zusammenhang gibt es auch das Rezept für einen sogenannten Nestsäuberungstee, was der Text ebenfalls bestätigt: ... ich helfe dir, deinen Kelch zu reinigen.

5Storchschnabel/Ruprechtskraut/Gottesgnadenkraut.(Nestreinigungstee): www.servusmagazin.com/15052015/stinkender-storchschnabel

Rosmarin

27. Der Rosmarin – die alte Magd

Hallo, hier ist der Rosmarin, der Geist des Rosmarins. Ich wachse gerne da, wo es warm ist und viel Sonne scheint. Vor der Hitze schütze ich mich durch meine nadelförmigen Blätter, die mit einer Wachsschicht überzogen sind. Sie soll mich vor Austrocknung schützen. Ich blühe mit wunderschönen hellblauen Blüten, die den Orchideen gleichen, die ihr so bewundert. Ich enthalte ein stark duftendes Öl, ein gesundes Öl, ein heilendes Öl. Deshalb verwendet ihr mich auch gerne als Gewürzkraut.

Ich fördere die Verdauung und halte euren Verdauungsapparat gesund. Er ist auch enorm wichtig für eure ganze Gesundheit, denn wenn er nicht mehr richtig funktioniert, dann könnt ihr viele lebensnotwendige Stoffe nicht mehr aufnehmen. Und das schadet auch eurem Nervensystem, das ja jede Zelle des Körpers steuert. Könnt ihr euch nun vorstellen, wie wichtig meine Aufgabe für euch ist?

Ich bin schon lange in eurem Dienste, ich bin eine alte graue Magd und tue immer noch meine Aufgabe. Ich sorge dafür, dass es euch gutgeht, und dann geht es auch mir gut, denn dann sorgt ihr auch für mich in meinem Alter.

Im Alter liebt ihr eher das warme Wetter, so wie ich. Ich bin ein Kraut, was gerade im Alter wichtig für euch ist. Ich halte euch jung, euer Nervensystem und euer Gedächtnis und mit dem Nervensystem natürlich auch eure Knochen, Muskeln und die Motorik.

Ich bin zu euch wie eine alte treue Magd, die schon lange in euren Diensten steht und jeden notwendigen Handgriff schon lange kennt und genau weiß, was ihr benötigt, damit es euch gutgeht.

Ja, ich bin weiß Gott schon lange im Dienste der Menschheit und ich hoffe, ihr würdigt das, und ihr gebt mir ein geschütztes Eck in eurem Garten oder einen sonnigen Platz in eurem Wintergarten, wo ich meine Rente genießen kann, wo ich euch noch zu Diensten sein kann.

Ich werde euch helfen, ein gutes Gedächtnis zu bewahren. Es wäre ja schließlich schlecht, wenn ihr vergesslich würdet und vergessen würdet mich zu gießen. So nun habe ich alte Tante genug gequasselt. Kommen wir zu meiner Botschaft für dich:

Meine Botschaft für dich

1. Aufgabe:
Was würdest du sagen, wenn ich behaupten würde, dass dein Verdauungssystem im Argen liegt, wenn du mich ausgewählt hast?
Du brauchst es noch nicht einmal zu merken, aber ich weiß es. Dein Körper weist Mangelerscheinungen auf, die dein Nervensystem angegriffen haben. Dadurch leidest du an psychischen Problemen, wie Angst oder Traurigkeit, Wut oder anderes. Vielleicht fühlst du dich auch überfordert und die Ursache liegt nicht nur an deiner Umgebung, sondern auch weil dein Körper nicht genug Nährstoffe zur Verfügung hat, was sogar zu Übergewicht führen kann, weil dein Körper den Appetit erhöht, um damit die Chance zu erhöhen, die Mängel auszugleichen. Kurzum, dein Nervensystem streikt und will sich wie ich im Lehnstuhl zurücklehnen und ausruhen.
Nur bringt das wenig, weil die wahre Ursache nicht behoben wird. Eine Erholung findet nicht statt.

Ich kann dir helfen, dass du wieder fit wirst und dein Nervensystem sich erholt. Ich kann dir helfen, dass du zu deiner alten Energie zurückfindest. Ich helfe nicht nur deinem Gedächtnis auf die Sprünge, sondern auch deinen Knochen.
Denn meine reinigende und desinfizierende Wirkung auf den Darm hilft dir in vielfältiger Weise.
Du wirst das hoffentlich zu schätzen wissen und mich hegen und pflegen, damit ich mein Alter in Würde genießen kann. Du siehst, ich bin sehr besorgt um mich, genauso wie ich um dich besorgt bin.

Und du weißt ja, wie das mit alten Damen so ist, die schnellsten sind sie nicht mehr. Was sich in vielen Jahren aufgebaut hat, braucht eine Zeit, bis es wieder behoben ist. Hab also Geduld mit mir. Alte Menschen lieben ihre Angewohnheiten, lass mich eine Angewohnheit für dich werden. Du wirst es nicht bereuen und wir werden treue Freunde werden. Wobei wir bei meiner zweiten wichtigen Aufgabe wären.

2. Aufgabe:
Ich bin ein Begleiter durch das gesamte Leben. Man findet mich bei Geburtsfeiern, genauso wie bei Hochzeiten oder Beerdigungen.
Es ist eben wie bei einer alten Dame. Sie hat dies alles schon zigfach miterlebt. Ich bin eine treue Begleiterin durchs Leben, wie die alte Magd, die an allen Familienfeierlichkeiten beteiligt ist und dienstbeflissen mithilft, die Freude und Leid der Familie teilt, die die Kinder mit großzieht, an deren Erfolgen teilhat und auch die schweren Stunden des Abschiednehmens miterlebt und Trost spendet.
Ich bin der Hausgeist, der all diese Emotionen reinigt und das Haus und seine Bewohner vor schädigenden Einflüssen solcher Emotionen bewahrt, wie die Magd, die die Fußböden scheuert, beim Ausmisten der Ställe hilft und mit dem Besen den Hof kehrt.
Du siehst, ich tue überall pflichterfüllt meine Arbeit. Bitte gib mir einen Platz an deinem Herd.

*

Ja wirklich, alte Damen brauchen etwas länger. Ich hatte den Rosmarin schon seit über einer Woche hier parat stehen. Aber erst der dritte Anlauf, in einer Trommelreise ein Bild von ihm zu erhalten, führte zum Erfolg, und ich konnte den Text schreiben.

Rosmarin wurde traditionell Kindern zum Schutz in die Wiege gelegt, er diente als Brautkranz über dem Schleier und wird heute noch mancherorts als Brautstrauß verwendet und er wurde auf Gräbern gepflanzt.

Wiesenflockenblume

28. Die Wiesenflockenblume – der Gesprächspartner

Hallo, hier sind die Wiesenflockenblumen. Wir tragen einen Korb unter unserer Blüte, ein Korb voller guter Gaben. Wir stehen auf der Wiese und lieben die Geselligkeit. Wir warten auf die Schmetterlinge, Bienen und Hummeln und vernehmen gerne deren Botschaften. Wir lieben Klatsch und Tratsch und stehen deshalb verteilt auf der Wiese, um die Neuigkeiten weiterzugeben. Wir sind keine einsilbigen Kammeraden, wir lieben das Gespräch. Unsere Blüten sind wie Antennen, alle Neuigkeiten aufnehmend und verbreitend.

Wir hüten keine Geheimnisse, wir wissen, wie das Wetter wird, wir sehen den Flug des Raubvogels, wir merken, wenn der Bauer die Wiese abmäht und geben die Kunde weiter. Ja, es ist schon ein arger Schreck, wenn die Sense kommt und uns alle einen Kopf kürzer macht. Aber wir wissen auch, dass wir als Futter für die Tiere dienen, dass wir ein Teil des Kreislaufes in der Natur sind, dass unser Lebenszweck der Ernährung und Gesunderhaltung dient.

Deshalb nehmen wir das nicht so tragisch und wachsen danach einfach weiter und treiben nach kurzer Zeit erneut unsere Blüten nach oben zur Freude der Schmetterlinge, Bienen und Hummeln.

Manche von uns Wiesenbewohner kommen allerdings erst im nächsten Jahr wieder. Wir sind eben unterschiedlich. Komm uns doch auf der Wiese besuchen und halte einen kleinen Schwatz mit uns, wir lieben deine Gedanken und Botschaften. Wir sammeln alles in unserem Körbchen, alles, was du gerne loswerden möchtest.

Wir sind fröhliche Gesellen und bieten dir einen Raum und nehmen gerne Anteil an dem, was dich beschäftigt. Wir nehmen deine Botschaften auf und geben sie an die anderen Wiesenbewohner weiter. Und wenn du Hilfe benötigst, so werden wir eine Lösung suchen und dir

eine Antwort übermitteln. Aber oft reicht es schon, wenn du aussprechen kannst, was dich bedrückt. Dann kommen die Hilfe und der richtige Gedanke automatisch. Wir sind gerne deine Resonanzpartner.
Oh, wenn du uns nur alle hören könntest, die Melodien der Wiesenbewohner, der Gesang der Gräser, ein Konzert.
Stimme mit ein, werde eins mit uns!
Wir sind die Wiesenflockenblumen und vernehmen gerne deine Stimme, auch die Stimme deiner Gedanken. Sie ist Musik für uns und wir machen eine schöne Melodie daraus.

Meine Botschaft für dich

Du hast mich, die Wiesenflockenblume, ausgewählt. Du suchst einen Gesprächspartner, der dir anteilsvoll zuhört, dem du alle deine Gedanken mitteilen kannst, mit dem du diskutieren und fabulieren kannst, der dir ein Seelenpartner ist, der deine Gedanken versteht. Du fühlst dich in dieser Hinsicht etwas alleine gelassen. Vielleicht versteht dein Partner, deine Partnerin (wenn du jemanden hast) dich nicht wirklich oder hört dir nicht zu. Es kann auch sein, dass du Schwierigkeiten hast, dich anderen mitzuteilen, dass du Angst hast, deine Worte könnten missverstanden werden. Jedenfalls geht es um Kommunikation.
Ich werde dir helfen, dass du die richtigen Worte findest, ich werde dir helfen, den richtigen Gesprächspartner zu finden.
Ich bin ein Kommunikationsfreak und fröhlicher Geselle, der dir hilft, dass du dich mitteilen kannst. Ich kann dir helfen, aus dieser Kommunikationssperre und Isolation herauszukommen, was immer die Ursache dafür gewesen sein mag.
Ich werde dir einen Weg zeigen, wie du dieses Problem lösen kannst.
Ich bin zwar eine Quasselstrippe, aber vertraue. Ich werde dir helfen, dass du die richtigen Worte findest, nicht zu viel und nicht zu wenig.

Schwarzer Nachtschatten

29. Der schwarze Nachtschatten – der Wandler

Ich bin der Geist des schwarzen Nachtschattens. Meine Früchte sind schwärzer als der Nachthimmel. Meine Blüten sind so hell wie die Sterne am Nachthimmel und haben fünf strahlende Blütenblätter, kleine Nachtsterne.

Ich wachse gerne im Halbschatten, kühl und feucht und da, wo die Pflanzen zerfallen. Ich bin diejenige, die die Wandlung bringt, die die Wandlung begleitet. Ich bin noch im Licht, bin es aber auch nicht mehr. Ich stehe am Rande, am Übergang ins Neue. Ich bin wie ein schwarzes Loch im Universum, in dem alle Materie verschwindet und sogar das Licht verschluckt wird.

Ich bin ein schwarzes Loch, in das ich dich mitnehme auf eine Reise ohne Wiederkehr. Alles wird danach anders sein und doch gleich. Ich bin das Geheimnis des Universums, das Geheimnis der ewigen Wandlung und doch gleich – der Vielfalt und doch der Einheit – das Unbegreifliche und Begreifliche.

Du wirst durch mich gewandelt und doch die Gleiche bleiben. Ich bin eine Pflanze der Schamanen, der Wanderer zwischen den Welten. Meine Kraft ist die Urkraft des Universums zwischen Tod und Ewigkeit. Was ich dir zu sagen habe, erfährst du nur auf der Schwelle des Todes, nicht hier sein und nicht dort sein.

Ich bin eine Pflanze der Meister der Energie des Universums, der Schöpferkraft und der Zerstörung.

Die Arbeit mit mir erfordert viel Weisheit. Was willst du also von mir wissen?

Was ist, wenn dir nicht gefällt, was ich dir zu sagen habe?

Hast du die Weisheit, es trotzdem annehmen zu können?

Solange du Zweifel hegst, bist du noch nicht bereit, ist es noch nicht an der Zeit.
Ein Meister weiß, dass die Wahrheit nicht immer das ist, was man gerne hören würde, und dass die Wahrheit gerade in den Dingen liegt, die am meisten wehtun.
Ein Meister weiß den Schmerz der Wahrheit zu schätzen und lernt daraus. Wenn du also die Wahrheit nicht hören magst, dann schau nochmals genauer hin und hinterfrage dich selbst. Schau genau hin und frage dich, warum du gerade dort nicht hinschauen willst. Ich bin die Pflanze der Wandlungskraft und helfe dir dabei.
Erst wenn du gelernt hast, den Schmerz auszuhalten und als Lehrmeister anzunehmen, bist du auf dem Weg, ein Meister zu werden, ein Wandler zwischen Welten. Ich begrüße dich gerne auf der Schwelle dorthin. Dann sind wir eins, du und ich.
Du wirst mit mir wandeln und du wirst gewandelt werden.
Du wirst eins sein mit mir und du wirst deinen eigenen Weg gehen, selbstbestimmt und gottbestimmt und beides wird eins sein.

Meine Botschaft für dich

Du kommst zu mir, weil du an einem Übergang stehst, an einer entscheidenden Wandlung in deinem Leben. Du fragst dich, wo dich dieser Weg hinführt, und hegst Zweifel. Der Schmerz der Ungewissheit ist dein Begleiter und dieser Begleiter gefällt dir nicht. Du ziehst Horoskope zurate und Hellseher und andere Berater, aber auch die haben keine befriedigende Lösung. Und das, was sie dir erzählen, zerstreut deine Zweifel nicht.
So ist es mit dem schwarzen Loch des Lebens. Du stehst ständig davor, jeden Tag verschluckt es dich wie das Licht und du siehst nichts darin. Jeder Tag ist wie die Nacht, du weiß nicht, wie der Abend sein wird und wie der nächste Morgen.

Und du hast nur eine Wahl: dem Leben zu vertrauen, dass es immer richtig sein wird. Und dass du selbst dem Tod vertraust, denn erst dann hast du das Leben angenommen.
Und jede Nacht stirbst du den kleinen Tod – der Schlaf. Wenn dir also der Schlaf geraubt wird, dann deshalb, weil du der Wandlung im Leben nicht traust.
Ich bin wie ein schwarzes Loch. Ich stürze dich hinein, ich verschlucke dich wie das Licht. Aber aus was besteht dann ein schwarzes Loch, wenn es ständig das Licht verschluckt? Es ist das Licht selbst.

Ich bin der schwarze Nachtschatten und bringe dir das Licht. Das ist mein Geheimnis an der Schwelle zur Ewigkeit: schwarz und weiß sind eins.
An der Schwelle findest du den Frieden und kannst Frieden schließen mit dir selbst und mit allen anderen. Ich helfe dir, dorthin zu gelangen, zum Riss zwischen den Welten, und ein Meister der Wandlung zu werden.
Ich bringe dir keine Gewissheit, dass alles richtig ist. Ich bringe dich auf den Weg, dass du selbst lernst, dass du selbst erfährst, dass alles richtig ist.
Wenn du mich gewählt hast, dann stürzt du gerade in ein schwarzes Loch, das dich zu verschlucken droht. Es ist das Geheimnis, auf der Schwelle zu bleiben, zwischen Licht und Schatten, wo du mich findest, wo ich stehe und auf dich warte, mit meinem Universum aus Beeren wie schwarze Löcher und Blüten wie die blinkenden Sterne an einem klaren Nachthimmel.
Aber ich muss dich warnen: Du kannst mich verreiben, du kannst mich in deinen Garten pflanzen, du kannst mich in eine Vase stellen, du kannst ein homöopathisches Mittel von mir herstellen und einnehmen und ich begrüße dich gerne in einer schamanischen Trommelreise. Aber mich innerlich anwenden, das darfst du nur in Begleitung eines Meis-

ters. Ich bin eine Meisterpflanze, daran will ich dich erinnern. Ich stehe an der Schwelle zwischen Tod und Ewigkeit. Ohne die nötige Fachkenntnis und richtige Begleitung ist es mein Geheimnis, wann ich dich mitnehme auf eine Reise endgültig, unwiderruflich und ohne Wiederkehr. Ich bin eine Meisterpflanze, missbrauche mich nicht!

*

Die Nachtschattengewächse, zu der der schwarze Nachtschatten gehört, sind giftige Pflanzen. Der Umgang mit ihnen benötigt Fachkenntnisse. So haben die Kartoffeln in früheren Zeiten, als die Pflanze noch nicht so verbreitet war, vielen Menschen das Leben gekostet, weil sie nicht die Wurzelknollen ernteten und aßen, sondern die grünen Früchte. Die Nachtschattengewächse geben uns Gemüse, die wir alle lieben, wie Tomaten, Paprika, Peperoni. Auch die Auberginen gehören dazu, die im rohen Zustand ebenfalls giftig sind. Die Auberginen erinnern noch sehr an die Beeren der Tollkirsche und des schwarzen Nachtschatten und die Blüten an das ebenfalls zu dieser Pflanzenfamilie gehörende giftige Bilsenkraut. Diese Pflanze wurde früher dem Pilsener Bier beigemischt, woher der Name stammt. Diese Nachtschattengewächse gehören zu den Meisterpflanzen und wurden von den Schamanen zu Reisen in die Anderswelt genutzt und in Initiationsriten verwendet. Auf jeden Fall hat das Bilsenkraut die Rauschwirkung des Bieres erhöht, aber auch so manchem das Leben gekostet....

Schöllkraut

30. Das Schöllkraut – die Gerechtigkeit

Ich bin der Geist des Schöllkrautes. Ich wachse gerne im Halbschatten. Ich blühe über eine lange Zeit, denn ich treibe immer wieder neue Blüten. Ich bekomme lange Schoten mit Samen, die dann herunterhängen. Meine Blüten haben vier gelbe Blütenblätter. Aber was ihr an mir schätzt, das ist mein goldgelber Saft, manchmal auch orange, der aus meinen abgebrochenen Blättern und Stielen quillt. Auch meine Wurzeln sind orange-gelb. Diesen Saft könnt ihr verwenden gegen Warzen. Auch euren Augen kann ich eine Hilfe sein, wenn ihr mich äußerst vorsichtig und nur auf die Lider streicht.

Ich wachse gerne in der Nähe eurer Häuser. Ich liebe die Gesellschaft der Menschen. Ich verbreite mich gerne und kann ganze Areale einnehmen. Manchmal wird es euch dann zu viel und ihr reißt mich aus. Ich bin ein guter Gastgeber für die Bienen. Sie besuchen mich gerne. Ja, ich bin ein vergnügliches Kerlchen. Ich nehme es gelassen, wenn ihr mich herausreißt, ich wachse einfach wieder nach. Meine Samen sind reichlich. Das ist meine Strategie.

Ich habe aber auch eine ganz andere Seite. Ich bin ein guter Schutzgeist und bin euch schon lange zu Diensten. Ich kann euch von Wut und Ärger befreien, ich bin gut für eure Leber und Galle und beruhige sie. Das tue ich aber nicht nur in eurem Körper. Ich befreie euch auch im Außen davon. Ich halte euch diese Energien vom Leib und helfe euch, wenn euch Unrecht getan wird oder wenn es zu Unrecht kommen könnte.
Meine Aufgabe ist es zu beruhigen und zu entspannen, denn nur dann seid ihr in der Lage, richtig zu beurteilen.
Ich tauche überall da bei euch auf, wo Unrecht geschieht, wo Unrecht empfunden wird.

Meine vier Blütenblätter bilden die Rune Gifu. Sie steht für das Gleichgewicht von Geben und Nehmen. Ich bin für das Gleichgewicht. Ich sorge dafür, dass es zum Gleichgewicht kommt.
Ich werde euch helfen, euer inneres Gleichgewicht zu wahren. So kann es auch im Außen wirken.

Meine Botschaft für dich

Ich habe eine starke Zauberkraft und habe schon immer diese Dämonen der Ungerechtigkeit vertrieben. Du kannst mich verräuchern, du kannst mich bei dir tragen, du kannst mich um dein Haus pflanzen. Ich werde dir helfen, nicht nur Ungerechtigkeit zu vertreiben, sondern Unrecht auch zu ertragen, so dass deine Leber und Galle, die die Wut darauf verspüren, trotz allem gesund bleiben und keinen Schaden nehmen. Ich bin die Waagschale der Justitia und werde dir helfen, egal wie sie stehen geblieben ist.
Ich spende dir Ruhe und einen klaren Kopf, so dass du den Weg des Weisen gehen kannst und die richtige Entscheidung triffst. Denn Wut ist eine schlechte Ratgeberin, sie kann vieles zerstören und die Situation verschlimmern. Auch Racheakte sind schlechte Antworten, die nicht zu einem Ausgleich führen, sondern die Energien der Zerstörung anheizen. Du würdest dich selbst zerstören.
In der Energie der Leber und Galle liegt viel. Viel, was aufbauend wirkt, aber auch vieles, was zerstört.
Ich bin dir ein dienstbarer Geist, die Energien, die dir entgegengebracht werden, richtig zu nutzen, nämlich so, dass du sie positiv verwenden kannst. Denn das schaffst du nur, wenn du selbst einen kühlen Kopf bewahrst und in Ruhe die Strategien entwirfst.

Ich bin das Schöllkraut und bin dazu da, mit den Verletzungen im Innen und Außen fertigzuwerden und dich von den Energien, die dich verlet-

zen wollen oder könnten, zu schützen. Ich komme zu dir, wenn nach Gerechtigkeit gerufen wird.
Du siehst mich sitzen auf dem zarten Blatt des Schöllkrautes, ausbalancierend die Kräfte um mich herum.

*

Das Schöllkraut gehört zu den Giftpflanzen. Der Saft wirkt ätzend. Die Anwendung sollte also strikt nach den Anweisungen erfolgen. Maria Treben[6] beschreibt die Augenbehandlung, in dem ein Blatt des Schöllkrauts zwischen den Fingern verrieben wird und auf die Augenlieder aufgetragen wird. Auf gar keinen Fall darf dabei etwas in die Augen kommen!

Eine Quelle[7] berichtet, dass das Schöllkraut traditionell am Körper mitgeführt wurde, um unverdienten Gefängnisaufenthalten und Fallen aller Art zu entkommen, z. B. bei Rechtsangelegenheiten oder Gerichtsverhandlungen. Es soll das Wohlwollen des Richters und der Geschworenen sichern. Zudem soll es dem Träger gute und freudige Stimmung verleihen und Depressionen heilen. Durch Räuchern aktiviert man einen starken Schutzzauber. Schöllkraut bewahrt vor Unglück und Unheil jeglicher Art, macht Schwarzmagie von Zauberern und Hexen machtlos, wehrt Dämonen ab und unterstützt Reisen in die Anderswelt.

Als ich das Bild vom Geist des Schöllkrautes erhielt, als kleines Wesen, das balancierend auf einem Blatt saß, ahnte ich noch nicht, wofür das Schöllkraut steht. Im Nachhinein stellte ich fest, dass es genau wie eine Waage dasaß, seine zwei Hände ausbreitend wie zwei Waagschalen – die Waage der Justitia.

---

6 Siehe Literaturverzeichnis

7 www.die-dunkle-dimension.de/i-marars.htm

Margerite

31. Die Margerite – das Orakel

Hallo, ich bin der Geist der Margerite. Die meisten kennen meine Blüten. Ich kann Wiesen in ein wahres Blütenmeer tauchen. Ich stehe für die Liebe und Partnerschaft. Aus mir band man Kränze und flocht Armreifen. Wo sind die Kinder heute, die die Wiesen durchstreifen und mich mitnehmen? Ja, ich bin selten geworden auf den Wiesen der Bauern, als Unkraut verdrängt. Dabei bin ich eine wichtige Zutat, ein wichtiger Baustein der Natur.

Auch in euren Gärten stehe ich nicht mehr, denn eure Rasenmäher halten das Gras kurz, und ich habe einen langen Stiel. Da habe ich keine Chance mehr, meine Blüten in die Höhe zu strecken, um die Köpfe der Kinder mit Kränzen zu schmücken, was ich doch so gerne tue. Ich liebe das und die Kinder lieben mich.

Und ich begleite sie in ihre Jugend, wenn sie ihre erste Liebe entdecken und mich als Orakel benutzen: „Er liebt mich, er liebt mich nicht" aufzählen bis zum letzten entscheidenden Blütenblatt. Maßliebchen, so hat man mich auch genannt.

Nun schwelge ich in der Erinnerung an diese vergangenen Zeiten. Ach, wenn ihr Menschen wieder zurückfinden würdet zur Natur, aus der ihr euch immer weiter entfernt. Ich würde euch liebend gerne wieder orakeln und weissagen, ob eure Liebe entgegnet wird.

Ja, ich stehe für die Liebe, für die jugendliche Hoffnung und Leichtigkeit, für das Leben, das noch nicht das Gewicht der Verantwortung der Elternschaft kennt, sondern die Leichtigkeit des Seins, wo gerade die andere Seite entdeckt wird, das eigene Geschlecht und das andere. Wo sich eine neue Welt öffnet, eine unbekannte bis dahin, die Unsicherheit bringt und wo ihr mich deshalb zurate zieht, weitab vom Ratschlag der Eltern, auf der Wiese, wo niemand außer mir das Pochen eures Herzens vernimmt, was wohl die Margerite kundtun wird über die Liebe.

Ja, ich sehe in euer Herz und fühle den Schmerz des Verlangens in eurer Brust nach erwiderter Liebe. Die Einsamkeit der Jugend nach einer behüteten Kindheit, in der sich das Herz nach einem Partner sehnt. Die tiefe Zuneigung zu jemandem, der vielleicht ja gar nichts von den Gefühlen ahnt, die man für ihn empfindet, weil man sich noch nicht traut sich zu offenbaren.

Oh, ihr Menschenkinder, ich kenne eure Herzen. Aber kennt ihr auch mich? Ich stehe für die Liebe auf den Wiesen. Und was ist eine Wiese ohne die Liebe? Sie ist leer geworden eure Welt. Angefüllt dagegen mit Lärm und Hektik und Unrat und Schmutz.
Wie schön ist dagegen eine Wiese voller Margeriten, die ihr durchstreifen könnt, und euer Auge sich entspannen kann am Anblick der vielen Blüten, den hektischen Alltag hinter euch lassend und vergessend, nur noch Liebe und Ruhe in eurem Herzen empfindend.

Meine Botschaft für dich

Du kommst zu mir in einer Zeit der Ungewissheit, wenn dein Herz zu dir spricht, aber dein Verstand voller Unsicherheit ist, dein Herz eine andere Sprache spricht als dein Verstand, der voller Angst und Zweifel ist, und du im Grunde genommen Angst hast vor der Wahrheit, die anders sein könnte, als das, was dein Herz begehrt. Es zerreißt dich fast. Auf wen willst du nun hören? Auf dein Herz oder auf deinen Verstand? Dein Herz sagt: Ich liebe! Dein Verstand sagt: Ich weiß nicht, ob er mich liebt. Ob ich es wert bin, geliebt zu werden.
Dein Herz ist ohne Zweifel, es sagt: Ich liebe. Dein Verstand schürt die Zweifel und Ängste in dir und nun möchtest du wissen, wer recht hat. Die Antwort, die ich dir gebe, ist: Vertraue deinem Herzen und nimm die Emotionen deines Verstandes als Lehrmeister und hinterfrage, ob die Angst und der Zweifel berechtigt sind und woher sie kommen.

Ich bin da, die Liebe deines Herzens zu stärken und die Emotionen deines Verstandes in die Schranken zu weisen. Ein Orakel kann die Zweifel nicht beseitigen. Das ist deine Aufgabe, aber ich kann dich unterstützen.
Vertraue darauf, dass du den Richtigen finden wirst und dass es den richtigen Zeitpunkt dafür geben wird.
Das Leben ist ein Risiko, die Liebe auch. Liebe ohne Schmerz gibt es nicht. So wie ich dir meine Blütenblätter gebe, um das Orakel zu befragen, so ist die Liebe ein ständiges Geben von Vertrauen, Vertrauen in dich selbst, dass du die Richtige bist, dass der Partner der Richtige ist und dass du es wert bist, geliebt zu werden.
Der Verstand wird erst dann das Gleiche wie das Herz erzählen, wenn du in deiner Mitte angekommen bist, wo nur noch Liebe ist. Ich werde dir beistehen, deine Zerrissenheit zwischen Hoffnung und Bangen, zwischen Zweifel und Vertrauen zu beseitigen.
Befrage mich und ich werde dir antworten.

*

Dieser Text ist wieder sehr viel tiefschichtiger, denn in der Homöopathie steht die Margerite für innere Zerrissenheit, was sie im letzten Satz noch einmal deutlich ausdrückt. Das bedeutet, man sollte das Thema nicht nur im Hinblick auf Partnersuche anschauen.

Taubenkropf-Leimkraut

32. Das Taubenkropf-Leimkraut – die Gebärmutter

Hallo, ich bin das Taubenkropf-Leimkraut, so nennt ihr mich. Ein langer Name. Ich bin eine auffallende Pflanze mit meinen Blüten, die so anders und eigenartig aussehen. Wie Blasen, hohl und mit dunklen auffälligen Adern durchzogen, welche ein Netzwerk bilden, und am Ende schauen wunderschöne Blütenblätter heraus, die aus dieser Blase kommen. Die Blase, die diese Blütenblätter und das Innerste schützt, in dem schließlich meine Samen entstehen – meine Frucht, wie im schützenden Bauch einer Mutter.

Ich bin eine Mutter für meine Samen, meine Blütenkelche sind wie der Bauch einer Schwangeren. Und eine Schwangere kann auch solche Schwangerschaftsstreifen am Bauch bekommen, wie ich auf meinen Blütenkelchen habe.

Meine Wurzeln nehmt ihr, um eine Waschlauge herzustellen, und man kann auch darin baden. Ich bin gut für eure Haut und kann ein Schutz sein gegen Schwangerschaftsstreifen. Und wie ich meine fruchtbaren Organe schütze, bin ich ein Schutz auch für euren Unterleib. Ich webe ein schützendes Netz um euch und wirke auch in euch. Ich stärke die Durchblutung in euren Gefäßen und auch in der Gebärmutter. Ihr könnt mich zu diesem Zweck auch räuchern. Ich bin eine Fruchtbarkeitsgöttin, ich bringe euch das Glück ins Haus.

Ich reinige und wasche, ich wasche auch euer Innerstes, so dass das Glück einziehen kann. Ich bin eine starke reinigende Kraft. Ich reinige eure Gefäßwände. So kommt genug Sauerstoff in eure Zellen. Das hält euch jung. Ich bin ein Jungbrunnen auf diese Weise.

Aber meine Kräfte sind sehr verborgen. Sie entziehen sich der Wissenschaft. Sie sind wie die Luft in den Schaumblasen. Diese Luft ist zwar da, aber nicht messbar, denn bevor sie gemessen werden kann, ist die

Schaumblase bereits geplatzt. Ich bin da, bin es aber auch nicht. Räuchere mich und ich werde da sein.

Meine Botschaft für dich

Wenn ich deinen Weg kreuze, dann benötigst du Reinigung im Innen und Außen. Du kannst deine Seelenaufgabe nicht wirklich erfüllen, weil Ablagerungen, Schmutz und Unrat in deiner Aura oder in deinem Inneren dich schwächen. Ich werde für Reinigung sorgen. Ich werde deine Aura wieder zum Strahlen bringen. Ich werde deine Körperzellen und Gefäßwände reinigen und allen Unrat beseitigen. So dass dein Dasein Früchte tragen kann und du deine Seelenaufgabe erfüllen kannst.
Ich reinige dich und stärke dich. Ich unterstütze dich mit der Kraft der Jugend.

Ich habe aber noch eine zweite Seite, die Seite der Hellsichtigkeit des 3. Auges. Ich bringe dir die Hellsichtigkeit des 3. Auges, ich werde dir helfen, diese Fähigkeit zu entwickeln. Denn erst wenn die Aura gereinigt ist, wird sie kommen.
Ich bin die Verbindung zwischen deinem Zentrum im Kleinen Becken und deinem 3. Auge, denn ich bin mit der Gebärmutter verbunden, die alles weiß, die alles empfängt und die alles gebärt.

*

Gerade an dem Tag, an dem ich das Taubenkropf-Leimkraut in Arbeit hatte, bekam ich eine E-Mail, dass eine langjährige Patientin nach Jahren einen heftigen Rückfall mit Neurodermitis bekommen hatte. Ich glaube nicht an Zufälle. Das war zu offensichtlich. Ich riet ihr, Wurzelsud (getrocknete Wurzeln gibt es in der Apotheke) ins Badewasser zu tun.

Das Taubenkropf-Leimkraut gehört zu den Nelkengewächsen. Dazu gehört auch das Seifenkraut. So wie das Seifenkraut hat auch das Taubenkropf-Leimkraut basische Stoffe, aus denen man eine Waschlauge gewinnen kann. Gerade Neurodermitiker sind stark übersäuert und benötigen Reinigung. Ein Bad entzieht die Säure aus der Haut und wirkt deshalb heilend.

Das Taubenkropf-Leimkraut wirkt auch positiv bei Diabetes Typ II, bei Husten, es ist stoffwechselanregend und menstruationsfördernd. Letzteres zeigt sich auch im Text. Sie stellt sich gleich mit der Gebärmutter und damit mit der Frauen- und Mutterrolle. Im Bild entdeckte ich erst Tage später, dass sie die Form ihrer Blüten mit dem Kopf und der Schulterpartie wiederholt, was eine tiefere Bedeutung trägt.

Da die Anwendung des Taubenkropf-Leimkrautes sehr unbekannt ist und Neurodermitis sehr verbreitet ist, gebe ich hier ausnahmsweise die Anwendung bekannt:

Taubenkropf-Leimkraut-Absud[8]
1 EL Taubenkropf-Leimkraut-Wurzel (getrocknet, frisch etwas mehr) mit 250 ml kaltem Wasser ansetzen und einige Stunden ziehen lassen; anschließend den Ansatz kurz zum Sieden bringen, abseihen und abkühlen lassen.
Anwendung als Zusatz zu Bädern oder Teilbädern bei Hauterkrankungen mit trockener und leicht entzündeter Haut.

Blätter und junge Triebe können in der Wildkräuterküche verwendet werden in Kräuterbutter, Quark und Salat. Die Pflanze hat einen Geschmack, der als süßlich nach Lakritze und Erbsen beschrieben wird.

---

8 Abdruckerlaubnis mit freundlicher Genehmigung von Frau Anja Flick, Rezept Taubenkropf-Leimkraut: www.vorsichtgesund.de/glossary/taubenkropf-leimkraut-silene-vulgaris/

Lecker ist es auch, wenn man Taubenkropf-Leimkraut zum Omelette-Teig hinzufügt.

Saat-Esparsette

33. Die Saat-Esparsette – die Köchin

Ich bin die Esparsette, ich kam aus Asien vor langer, langer Zeit. Die Völker haben mich mitgebracht nach Europa. Ich war eine begehrte Futterpflanze früher. Heute bin ich in Vergessenheit geraten. Ich sehe fast wie eine Lupine aus, nur viel kleiner und zierlicher. Ich treibe sehr tiefe Wurzeln in den Boden und hole Nährstoffe nach oben. Ich arbeite also im Verborgenen, im Dunkeln für euch. Ich verbessere die Böden und sorge für gesundes Wachstum. Ich war euch über Jahrhunderte, ja sogar Jahrtausende eine fleißige Helferin.

Heute meint ihr, dass ihr auf mich verzichten könnt, weil ihr eure Kunstdünger verwendet. Meine Kunst ist nicht mehr gefragt.

Aber wer kann den Boden so geschickt ins Gleichgewicht bringen wie ich? Wer sortiert so intelligent die notwendigen Stoffe aus und fördert sie nach oben? Das ist Schwerstarbeit im Dunkel der Nacht. Keiner, der mich sieht, ahnt von meinen Fähigkeiten. So schmächtig, wie ich aussehe, so stark bin ich. Ich weiß, was meine Nachbarn brauchen, ich kenne die Zutaten ihrer Speisen und weiß, was sie mögen und was nicht. Und da geht es wirklich manchmal zu wie in einem Kindergarten, der eine mag dies nicht und der andere mag das nicht. Aber eine gute Köchin ist beliebt, die darauf achtet, dass alle das bekommen, was schmeckt und gesund ist. Ja, Liebe geht durch den Magen, keiner weiß das besser als ich.

Ich bin eine Ernährungswissenschaftlerin, eine Bergbauingenieurin, eine Chemikerin und eine Physikerin, denn schließlich müssen die Stoffe auseinandergehalten werden und nach oben transportiert werden. Und nicht nur meine Nachbarn auf der Wiese wollen versorgt werden, auch die Bienen holen sich meinen wertvollen Nektar.

Tatsächlich von meiner Tätigkeit profitieren alle.

Ich bin mit meinen Ranken und mit meinen Wurzeln ewig suchend. Meine Ranken nach Nachbarn und Freunden, die mir Halt geben, meine Wurzeln, die mir die Nahrung, die Baustoffe liefern, die Energie von Mutter Erde. Und ich bin im vollsten Vertrauen, dass ich alles finden werde, was ich brauche, um meine Aufgabe für das Netzwerk des Großen Ganzen zu erfüllen.
Ich sitze da und kann nicht sehen, was die Zukunft bringt. Ich sitze da, im vollsten Vertrauen, dass meine Wurzel mir das bringen wird, was nötig ist in der Gegenwart, dass ich das habe, was ich brauche, und dass ich das finden werde, was ich brauche. Natürlich gestalte ich mit dem, was ich jetzt tue, meine Zukunft und wirke auf die Zukunft der anderen ein. Wir sind alle, ob wir wollen oder nicht, Teamplayer. Wir sind vernetzt, ob wir wollen oder nicht, so wie meine Ranken sich an den Nachbarn festhalten.
Ich kann nicht wirklich sehen oder gar beurteilen, was die anderen tun. Ich weiß nur, dass auch dies Wirkung auf alle hat und haben wird. Wir sind ein Netzwerk.

Meine Botschaft für dich

Ich kann dir helfen, dass du dein Bestes gibst für alle und vertrauen hast, dass das, was du gibst, dein Bestes ist.
Ich gebe mein Bestes für das Große Ganze, ich tue das, was für das Große Ganze in meinen Kräften das Beste ist und was in meinen Kräften möglich ist.
Mit dieser Einstellung kannst du wie ich deine volle Kraft entfalten, und dabei helfe ich dir gerne. Ich bin diejenige, die dir diese Energie liefert, wie ich meine Nachbarschaft mitversorge, Nektar für die Bienen liefere, Futter für das Vieh bin und schließlich zu Dünger werde für die Pflanzen im nächsten Jahr.
Ich gebe dir die Energie, dass du aus deiner Wurzel die volle Kraft entfalten kannst und das Vertrauen, dass im Netzwerk des Großen Gan-

zen deine Aufgabe wichtig und wertvoll ist zum fruchtbaren Wachstum aller in der Gegenwart, aber auch in der Zukunft, und dass du verbunden bist mit allem.

In meinem tiefen Vertrauen weiß ich, dass meine Tätigkeit der richtige Dünger für die Zukunft ist, auch wenn ich nicht weiß, was in Zukunft auf dem Acker wachsen wird, welche Pflanzen in Zukunft meine Nachbarn sein werden. Gib dich diesem Vertrauen hin, das ich besitze. Es wird auch dir guttun und wird in dir ungeahnte Kräfte freisetzen. Es sind die tiefen Wurzeln in Mutter Erde, die schon seit Jahrtausenden mit Mutter Erde tief verbunden sind und diese Verbundenheit suchten. Mit mir kannst du diese Verbundenheit spüren, eine tiefe Liebe voller Vertrauen, an die ich mich lehne, die mir Selbstbewusstsein gibt und Selbstsicherheit, wie du an meinen aufstrebenden Blütenstängeln erkennen kannst, die ich ohne stützende Ranken nach oben recke.

Affirmation:
Ich gebe mein Bestes für das Große Ganze.
Ich tue das, was für das Große Ganze in meinen Kräften das Beste ist und was in meinen Kräften möglich ist zum Wohle aller.

*

Kaum zu glauben: Die Saat-Esparsette treibt ihre Wurzeln bis zu 4 m tief in den Boden.

Acker-Witwenblume

34. Die Acker-Witwenblume – die Fürsorge

Hallo, ich bin die Acker-Witwenblume, vielmehr der Geist der Blume. Ich möchte dir heute erzählen, was meine Aufgabe in der Natur ist. Ich stehe hier mit vielen anderen Pflanzen- und Tiergeistern auf der Wiese und lasse die Natur bunter aussehen. Ich bin ein Schmuck und sorge für Schönheit. Wozu sonst haben wir so viele schöne Blüten in allen Farben?

Wir könnten ja alle gleich aussehen, aber das tun wir nicht, wir könnten alle nur gut duften und damit die Insekten anlocken, aber das genügt uns nicht. Wir sind für die Schönheit der Natur. Wir wollen, dass ihr Menschen euch wohlfühlt und diese Erde gerne bewohnt und wundern und staunen dürft über die Vielzahl der Möglichkeiten, ja der Grenzenlosigkeit der Formen und Farben.

Ich bin dazu da, dass ihr euch daran erinnert, wie viel Schönheit euch umgibt. Deshalb blühe ich oft noch, wenn schon viele Blumen in die Winterpause gegangen sind.

Wir wollen alle gemeinsam, dass es euch gutgeht, und jede von uns hat ihre spezielle Aufgabe dabei. Meine Aufgabe ist die Fürsorge, wie die einer guten Mutter, die darauf achtet, dass es all ihren Kindern gutgeht. Wenn ihr auf die Wiese kommt, dann kann ich euren Blick und eure Gedanken von euren schlechten Emotionen ablenken und kann dich in deine Mitte führen, dir dein inneres Gleichgewicht wieder gebend. Und wenn du in deine Mitte gekommen bist, wirst du merken, dass alles gar nicht so schlimm aussieht.

Früher habt ihr mich benutzt, um Hautkrankheiten zu heilen, die eure Schönheit beeinträchtigt haben. Heute denkt ihr, dass ihr bessere Mittel habt. Da bin ich nicht mehr gefragt.
Aber es stimmt, ich bin nicht nur für die Schönheit der Natur, ich kann auch Konflikte heilen, die zu Krankheiten führen, die mit eurem Aussehen zu tun haben, die mit dem Gefühl für euer Äußeres zu tun haben, wenn ihr euch in eurer Haut nicht wohlfühlt, verletzt worden seid, psychisch oder auch körperlich. Dann bin ich für euch da. Meine Fürsorge wird euch helfen, diese Verletzungen zu heilen, so dass ihr euch wieder selbst annehmen könnt, so wie ich mich euch annehme, wenn ihr zu mir auf die Wiese kommt.

Meine Botschaft für dich

Du kommst zu mir, weil du verletzt worden bist, weil du beleidigt wurdest oder nicht mit deinem Äußeren zufrieden bist. Du möchtest in Schönheit wandeln, aber es gelingt dir nicht.
In Schönheit wandeln heißt, in seiner Mitte sein und in der Mitte der anderen sein. Und wenn du in der Mitte der anderen bist, dann fühlst du dich wohl.
Wenn du in deiner Mitte bist, dann kommt die Schönheit von innen heraus. Das ist die wahre Schönheit. Dann ist es egal, ob du in der Mitte der anderen stehst oder nicht. Das ist das Paradoxe. Mitte und Außen sind dann das Gleiche. Ich heile deine Wunden und bringe dich dorthin.

*

Sie wollte doch unbedingt goldene gewellte lange Haare......

Frauenmantel

35. Der Frauenmantel – die spirituelle Kriegerin

Ich bin der Frauenmantel, die Fee des Frauenmantels. Meine Blätter tanzen auf langen Stielen und ich tanze mit. Meine Blätter sehen aus wie Röcke und in manchen Gegenden werde ich auch Frauenrock genannt. Aber auch Frauenmantel passt gut zu mir, denn ich lege mich schützend wie ein Mantel um den Unterleib der Frauen. Ich sammle die Energien von Mutter Erde mit meinen Blättern für die Frauen. Ich schütze das Geheimnis der Frauen.

Ich bin wie die Urmutter, die kein anderes Geschlecht benötigte, um zu entstehen. Ich pflanze mich ohne einen anderen Partner fort. Ich bin mit der Energie der Urmutter verbunden, der Urgöttin, der ihr zahlreiche Namen gabt. Ich erinnere euch daran, dass alles, was jemals entstand und entstehen wird, aus der weiblichen Energie geboren wurde, ist und wird. So bin ich nicht nur diese Energie selbst, sondern schütze auch diese Energie und beschütze die Frauen, wenn diese Energie bei ihnen aus dem Gleichgewicht geraten ist.

Ich tanze den Tanz der Schöpfung, die Energie, die von Mutter Erde Richtung Vater Himmel strebt. Ich helfe euch, dass diese Energie gut fließen kann, dass ihr verbunden seid mit beiden Polen. Ich bin das Geheimnis, dass sich im Schoß der Frauen verbirgt, die Schöpferkraft selbst, das Geheimnis des Lebens.

Meine Botschaft für dich (auch für Männer)

Wenn du mich gewählt hast, dann hast du Probleme, deine Frauen- und Mutterrolle einzunehmen. Das Leben hat dich in eine männliche Rolle gedrängt, in der du im wahrsten Sinne des Wortes deinen Mann stehen musst. Das bringt deinen Hormonhaushalt durcheinander und deine weiblichen Energien.

Ich helfe dir, wieder in deine Mitte zu kommen, auch wenn du weiterhin eher die männliche Rolle einnimmst. Ich erinnere dich daran, dass es schon immer Frauen gab, die männliche Rollen einnahmen, die Kriegerinnen waren, wie die Amazonen. Wie die Walkyren, die Schlachten schlugen. Auch du kannst also deinen Mann stehen, aber mit den weiblichen Energien, mit den weiblichen Aspekten, mit deiner Weitsicht, die nicht auf kurzfristige Erfolge ausgerichtet ist wie die männliche Kraft, sondern auf Weitsicht und Nachhaltigkeit.
Für Erfolg und das Wohlergehen der zukünftigen Generationen.
Und dies gilt auch, wenn ein Mann mich ausgewählt hat. Gib dich diesem Aspekt der weiblichen Energie hin, denn du bist in deinem Lebenskampf zu sehr auf kurzfristige Erfolge ausgerichtet, was der gesamten Schöpfung schadet.
Ich helfe dir dabei, das Gleichgewicht MIT der Natur zurückzugewinnen.

*

Der Frauenmantel enthält Pflanzenhormone, die dem weiblichen Progesteron ähnlich sind. In der Hildegard-Medizin wird er bei offenen Wunden eingesetzt.

Königskerze

36. Die Königskerze – das Licht

Hallo, ich bin die Königskerzenelfe. Ich bin eine stattliche Pflanze. Ich wachse meistens kerzengerade in die Höhe, der Sonne entgegen. Meine Blüten strahlen so hellgelb wie das Sonnenlicht. Ich bin eine auffallende Schönheit. Ich brauche zwei Jahre, um meine Blütenpracht entfalten zu können. Im ersten Jahr bilde ich nur eine Blattrosette am Boden, im zweiten Jahr erscheint mein langer aufrechter Stiel. Gut Ding will Weile haben. Um so eine imposante Erscheinung in die Höhe zu treiben, brauchen die Wurzeln die entsprechenden Kraftreserven. Das erreicht man nicht in einem Jahr. Im ersten Jahr sammeln deshalb meine Wurzeln die Kräfte.

Mein Anblick erfreut die Menschen. Meine Blätter fühlen sich samtig weich an, deshalb nennt man mich an manchen Orten auch Wollkraut.

Ich freue mich, wenn ich im Sonnenlicht baden kann, wenn ich den Rundumblick genießen kann und niemand seinen Schatten auf mich wirft. Ich liebe es deshalb, in offenem Gelände zu stehen, aufrecht wie eine stolze Königin, unbeeindruckt vom Wetter, egal ob Sonne oder Blitz und Donner. Ich wachse auf dem Feld genauso wie aus Ritzen im Boden. Nichts kann mich hindern nach oben zu streben. Und das ist auch das, was ich euch auf dem Weg mitgebe.

Gelassenheit und Fröhlichkeit, denn nicht immer findet man das vor, was man gerne hätte. Und es macht doch keinen Sinn, deshalb vor Traurigkeit zu vergehen. Man muss aus dem, was man hat, das Beste machen, und du siehst an mir, was daraus entstehen kann: eine majestätische Erscheinung, ungebeugt, kerzengerade und fröhlich.

Ich blühe im Sommer, wenn die Sonne mit voller Kraft scheint. Ich bin verbunden mit der Sonne und dem Licht, ich bin der eingefangene Lichtstrahl und die Wärme des Sommers und trage diese Kräfte in mir. Ich erwärme und erhelle dein Gemüt, wenn du es brauchst.

Meine Botschaft für dich

Du kommst zu mir, weil es in deinem Leben momentan an Licht und Wärme fehlt. Die Melancholie hat dein Herz ergriffen, Traurigkeit hat sich in dein Gemüt eingenistet.

Es ist gut zu trauern, wenn es einen Anlass gibt. Es ist gut, die Trauer zuzulassen, auszuleben, und richtig, sich die Zeit dafür zu geben. Und die Trauer gehört zum Leben wie das Lachen. Aber wenn die Trauer dich festhalten möchte, dein Herz fesselt und die Fröhlichkeit erstickt, dann ist es Zeit, zu mir zu kommen. Ich kann dir helfen, dein Lachen zurückzugewinnen, deine Fröhlichkeit dir ins Gesicht zu zaubern, deinen Kopf und deinen Blick aufzurichten, so dass du nicht mehr nur den Boden unter dir siehst, sondern den Blick erhebst auf die Landschaft um dich und zum Himmel, wo die Sonne steht.

*

Traurigkeit gehört in der Akupunktur-Lehre zum Metallelement, das für den Herbst steht (im Chinesischen nach der Erntezeit, die als eine eigene Jahreszeit angesehen wird), wo viele Pflanzen absterben und die Blätter fallen. In dieser Zeit wird auch der Totensonntag und Allerseelen gefeiert. Zum Metallelement gehören die Energiebahnen des Dickdarms und der Lunge, wobei wir beim Husten und Asthma wären. Der griechische Arzt Dioscurides nannte die Königskerze „Die Flamme des Hustens“. Im Herbst treten Husten und Erkältungskrankheiten vermehrt auf.

Heckenrose

37. Die Heckenrose – Anpassungsfähigkeit

Ich bin die Rosenelfe. Ich strecke meine Ranken weit hinaus, auf denen meine Blüten sitzen. Meine Blüten verströmen einen herrlichen Duft, um die Bienen anzulocken. Nach der Befruchtung trage ich feuerrote Früchte. Zum Schutz meiner zarten Blüten und meiner auffallenden Früchte haben meine Ranken Dornen. Ihr habt aus mir viele Rosen gezüchtet mit verschiedensten Düften, unterschiedlichen Farben und Formen der Blüten. Ihr verschenkt mich gerne als Symbol der Liebe.

Wenn meine Blüten welken, dann kommen die Früchte und biegen meine Ranken unter deren Gewicht, bis diese von den Vögeln im Winter gefressen werden oder zu Boden fallen, und im Frühjahr beginnt der Kreislauf von neuem.

Ich bin das Symbol des ewigen Kreislaufes von Werden und Vergehen, was auch der Ursprung meines Namens ist. Ich bin das Symbol von weiblich, das sind meine duftenden Blüten, und das Symbol von männlich, das sind meine Dornen. Ich bin das Symbol für die Kindheit, das Knospen und Wachsen neuer Ranken im Frühjahr, die Jugend und Hochzeit, das ist die Blüte, die Elternschaft, das ist die Frucht, unter deren Last sich die Ranken biegen und das Alter, das Abfallen der Blätter und Früchte, die nun eigene Wege gehen, das Loslassen, die Weisheit.

Ich bin das Symbol des ewigen Tanzes durch den Jahreskreis.

Ich kann sehr alt werden an meinem Platz.

Meine Botschaft für dich

Wenn ich dir auf deinem Weg begegne, dann hast du Probleme, den Kreislauf des Lebens anzunehmen und den Wandel zu akzeptieren.

Vielleicht hast du Probleme, eine neue Stufe in deinem Leben anzunehmen, von der Jugend ins Erwachsenenalter, vom Erwachsenendasein in das Alter. Es kann auch generell mit Veränderungen zu tun haben, mit denen du nicht klarkommst. Es kann z. B. sein, dass du bestimmte Jahreszeiten nicht mehr magst, oder es hat sich in deiner Familie, an deinem Arbeitsplatz etwas verändert.

Ich helfe dir, mit Veränderungen klarzukommen. Ich gebe dir Anpassungsfähigkeit, so wie ich jedes Jahr wieder von neuem austreibe, meine Blüten bekomme und Früchte trage und sie schließlich mit den Blättern loslassen muss.
Alte Gewohnheiten loszulassen, weil sie nicht mehr möglich sind, ist schwer, und je älter man wird, umso schwerer fällt es. Aber Veränderungen tragen auch immer die Chance in sich, sich weiterzuentwickeln, Neues zu entdecken und zu lernen. Es kann Erleichterungen bringen, auch wenn man es zuerst nicht sieht oder wahrhaben will. Veränderungen bringen Entwicklungen auf den Weg. Ich helfe dir, sie nicht als Last oder Schaden wahrzunehmen, sondern als Chance.
Ich bin ein Symbol der Liebe und man verschenkt mich als Symbol der Liebe.
Wahre Liebe bedeutet, einen Menschen zu begleiten durch sein Leben, egal was das Leben bringen wird, alle Entwicklungen zusammen durchzustehen und an den Herausforderungen zu wachsen, und genau dafür stehe ich.
Ich bin bei dir, wenn du Zweifel hegst, ob du den neuen Anforderungen gewachsen bist, und wenn du Schwierigkeiten hast, Liebgewordenes oder Liebgewordene loszulassen, sie ihren Weg gehen zu lassen.
Ich helfe dir dabei, dich dem Leben hinzugeben und an deiner Hingabe an das Leben zu wachsen.

*

Die Heckenrose oder auch Hundsrose oder Hagebutte genannt war vor etlichen Jahren die schönste Verreibung, die ich je mit einer Gruppe gemacht habe.
Und es kam Erstaunliches zutage. Ich hatte damals zu ihrem Namen Rose recherchiert. Alleine das war schon eine Faszination, die ich hier wiedergeben möchte[9]:

RHOD-on, griech. Rose
rückwärts gelesen ergibt es Dorn (ohne Endung -on)
UARD-a, hebräisch Rose. Hier wurde das O zu UA
WARD, arabisch Rose. Hier wurde das UA zu W
WERED, hebräisch Blüte oder Rose = werden = blühen, knospen

Wadler schreibt weiter: Kein schöneres Bild konnte der Sprachgeist der Germanen wählen, um das Werden auszumalen, als das Laut- und Sinnbild der Rose.

Wairth-an, gotisch
Weordh-an, angelsächsisch = drehen und wenden = werden
Verdha, altnordisch
V-r-t, altindisch (rollen)
Vert-o, lateinisch (wenden) (Vertigo = Schwindel)
Vrat-iti, slawisch (drehen)
W-R-t, russisch = Türe, Pforte und wiederkehren (auch im deutschen Wort Pforte sind die Buchstaben f-r-t)
re-VERT-i, lateinisch wiederkehren

Name der zwei germanischen Nornen:
Urd = Vergangenheit, (erinnert an hebräisch UARD-a für Rose)

---

9 Der Turm zu Babel: Urgemeinschaft der Sprachen, Arnold Wadler, Verlag fourier, 1988

Verdandi = Gegenwart, (in beiden Wörtern steckt das Wort werden)

Auch unser Wort WURZ-el ist verwandt mit werden (Leben Bergendes, sprießen, keimen)

Wadler schreibt: Als tiefster, machtvollster Ausdruck dieses Urstammes, weitester Inbegriff ewigen Lebens, ewigen Seins, krönt ein anderer deutscher Name diese Reihe, die geistige Rose = das WORT
Zusammenfassend lässt sich für die Verreibung der Rose feststellen, dass die Erlebnisse (z. B. die Aufrichtung, Schwindel, Drehen, Bild der Spirale und schließlich Alter, Tod und der Abschiedsgruß – wir sehen uns wieder) die Entdeckungen des Sprachforschers Wadler erstaunlich genau bestätigen.

Und nun, als ich die schamanische Trommelreise zur Rose unternahm, gab sie mir das Bild von mehreren sich drehenden Rosenwesen gemeinsam in einem rotierenden Kreistanz. Und noch eine sprachliche Eigenheit erscheint hier: der männliche Part, der Dorn, ist in der Schreibweise spiegelbildlich zum weiblichen Part der Rose (siehe unter griechisch Rhod-on). Diese Umkehrung der Konsonanten kommt häufiger vor. Evtl. drückte die Sprache tatsächlich damit den weiblichen und männlichen Aspekt aus – das Spiegelbild.

Wurmfarn

38. Der Wurmfarn – die Leiter

Ich bin die Elfe des Wurmfarns. Ich bin schon lange auf dieser Erde. Meine Wurzeln reichen in die Urzeit zurück. Ich bin verbunden mit der Anderswelt, mit dem Reich der Zwerge und Feen. Ich bin die Verbindung zwischen Unter- und Mittelwelt. Ich helfe, dass die Verbindung bestehen bleibt, auch wenn ihr nichts davon mitbekommt.
Meine Wurzeln reichen zur Quelle von Urd in der Unterwelt, dort wo auch die Zwerge und Feen zu Hause sind, wo der magische Kessel über dem Feuer steht.
Ich bringe euch gerne dorthin. Ich bringe eure Wünsche dorthin. Ich bringe euch in das Reich des Unsichtbaren und doch Sichtbaren für diejenigen, die vertrauen und lernen, das Unsichtbare und Verborgene zu sehen.
So unsichtbar und verborgen wie meine Samen. Ich bringe euch die Hilfe der Zwerge und Feen, wenn ihr Klarheit zur Anderswelt aufbauen wollt.
So wie ich meine Blätter entrolle, die eurer Wirbelsäule gleichen, so bringe ich die Kundalini-Energie vom Boden der Mutter Erde durch eure Wirbelsäule nach oben, so dass ihr sehen könnt, was um euch herum verborgen ist. Ein Zauberwald, ein Märchenwald, ein Traum und doch Wirklichkeit. Ich bringe euch das Träumen ohne Raum und Zeit.
Ich bin ein Teil von Urds Netz und meine Blätter sind Webfäden im Diesseits und im Jenseits, unsichtbare Fäden von Urd an der Quelle.
Ich bin eine heilige Pflanze. Ich bin der Wohnort der Andersweltwesen.

Meine Botschaft für dich

Du bist mir auf deinem Weg begegnet, wenn du mehr Kontakt mit deiner spirituellen Seite möchtest. Wenn du deine spirituellen Fähigkeiten entwickeln möchtest. Du suchst das Reich der Anderswelt, der Feen,

Gnome und Zwerge. Das Reich der Träume und Märchen, das Reich, aus dem die Träume und Märchen stammen. Eine Traumwelt und Wirklichkeit.

Ich kann dir helfen, zur Anderswelt durchzudringen, zum sichtbaren Unsichtbaren, die Grenze zu überschreiten. Ich bin dir eine Hilfe, die Energien entlang der Wirbelsäule nach oben zu holen, so dass diese Welt erlebbar für dich wird, so dass du aktiv mit den Wesen der Anderswelt Kontakt aufnehmen kannst. Ich bin dir eine Mittlerin zwischen Mittel- und Anderswelt. Ich freue mich, dir helfen zu dürfen, ich warte auf dich am Rande, am Riss zwischen den Welten.

*

Der Farn bezeichnet sich selbst als heilige Pflanze. Er wird als Wohnort von Elfen, Feen und Zwergen angesehen und sollte deshalb nicht gestört und betreten werden. Wer seine Fähigkeiten im Schamanismus trainieren möchte, sollte deshalb am besten den Wurmfarn ums Haus pflanzen, damit er seine Wirkung entfalten kann.

In der Signaturenlehre entspricht das Farnkraut dem Rückgrat und wurde gegen Rückenschmerzen eingesetzt. Und wie die Wirbel mit ihren Querfortsätzen gleicht das Farnblatt einer Leiter, zum Auf- und Abstieg in die Anderswelt. Der Wurmfarn wurde auch als Hexenleiter bezeichnet.

Der Wurmfarn wurde zur Entwurmung und anderen Krankheiten früher eingesetzt. Heute rät man davon ab, weil die Nebenwirkungen erheblich sein können. Besser ist es, Wurmfarn als homöopathisches Mittel einzusetzen oder nur äußerlich.

Rotklee

39. Der Rotklee – die Ernährerin

Hallo, ich bin die Fee des Rotklees. Ich wachse überall auf den Wiesen und manchmal säen mich die Bauern auf ein ganzes Feld. Heute passiert das allerdings eher selten. Ich bin eine Futterpflanze, die verdrängt wurde. Aber ich bin nicht nur reich an Nährstoffen, Mineralien und Vitaminen, sondern ich bin auch eine alte Heilpflanze. Meine Blüten enthalten viel Nektar, was schon früher die Kinder wussten und an meinen Blüten zogen wie an Strohhalmen, um die Süße herauszuholen.

Meine Blätter wurden als Glücksbringer verehrt, wenn es nicht nur drei, sondern vier waren, und manche suchen danach auf den Wiesen.

Ich bin so vielseitig, so bin ich nicht nur ein guter Eiweißlieferant im Futter, sondern dünge mit meinen stickstoffsammelnden Wurzeln die Äcker. Ich heile den Boden, die Tiere und die Menschen. Ich bin eine Pflanze der heilkundigen Weisen Frauen. Ich heile Frauenkrankheiten und Männerkrankheiten.

Ich trage in mir eine sanfte Liebe, und wenn es dir an entgegengebrachter Liebe mangelt, so bin ich gerne bei dir. Ich bringe das Glück in dein Herz zurück. Siehe meine Blüten an, sind sie nicht wunderschön?

Ich nähre den Boden, ich nähre die Tiere, ich nähre die Menschen. Ich bin die Ernährerin, ich nähre die Menschen mit meiner zarten Liebe, so dass ihre Seelen genesen können. Ich bin die Fee des Rotklees und eine weise Frau. Ich bringe dir das Licht zurück, wie die aufgehende Sonne den Tag ganz sanft erhellt.

Meine Botschaft für dich

Wenn du mich gewählt hast, dann leidest du an Mangel. Mangel an Zuwendung, Mangel an Liebe, Mangel an Nährstoffen für das Leben. Mangel an materiellen Dingen genauso wie an Seelischem oder Psychischem. Ich bin die Ernährerin auf allen Ebenen. Ich nähre dich mit

Wärme und mit meiner sanften Liebe, ich wärme dich mit dem Licht des Sommers. Ich schließe dich in meine Arme und gebe dir alles, was dir fehlt. Ich tröste dein Herz und umfange dich mit meiner zarten Liebe.
Ich vertreibe die Traurigkeit aus deinem Herzen, weil du fühlst, wie es dir an entgegengebrachter Liebe und Aufmerksamkeit mangelt. Du hast das Gefühl, dass dich das Glück verlassen hat. Es ist niemand da, der dich wahrnimmt, der dir das Gefühl vermittelt, geliebt zu werden. Du hast den Groll nicht mehr nötig, der aus dieser Traurigkeit entstanden ist. Ich nehme ihn von dir und die Schwere aus deinem Herzen.
Ich bin diejenige, die dir hilft, das Leben wieder zu lieben, wie ich dich liebe. Ich tilge deinen Zorn und gebe dir die Fülle des Lebens zurück.
Ich habe einen ganzen Korb, den ich dir überreiche, mit allem, was du brauchst. Ich bin die Fülle, die den Mangel behebt. Ich habe all das, was du brauchst, in Hülle und Fülle. Komm zu mir und nimm den Korb in Empfang, ich überreiche ihn dir gerne.
Komm zu mir und ich zeige dir, dass du nicht alleine bist, sondern dass du so wie ich viele Schwestern und Brüder auf dem Feld hast, die ihre Liebe mit dir teilen, so wie ich meine Liebe mit dir teile.
Ich bin die Ernährerin, die alles mit offenen Armen teilt, was ich habe. Teile mit mir deine Verschlossenheit, die du entwickelt hast aus dem Mangel. Wer nichts hat, kann nichts geben – aber dieser Satz ist falsch. Jeder kann geben, denn jeder hat. Ich führe dich hinter deine verschlossene Tür und zeige dir deine Fülle – deine Fülle an Liebe, die in dir verschlossen steckt.
Ich bin der Schlüssel zu dieser Tür. Komm zu mir und ich werde dir deine unendliche Liebe zeigen, mit der du den Mangel bei anderen beheben kannst, die Tür zu anderen öffnen kannst, selbst zur Ernährerin wirst für andere, die meinen, im Mangel zu sein, so dass du selbst zur Glücksbringerin wirst.

*

Der Rotklee ist ein Tausendsassa, er enthält neben Mineralien und Vitaminen auch Pflanzenöstrogene und heilt damit Wechseljahresbeschwerden und schützt vor Prostataerkrankungen. Der Rotklee wurde bereits in zahlreichen Studien untersucht.

Als ich mit der Verreibung fertig war, zählte ich die Blüten auf dem Bild. Es sind 13. Auch die Krone besteht aus 13 Blütenstrahlen. Die 13 steht für die 13 Monde im Jahr und ist deshalb das Symbol für das Weibliche. Der Rotklee ist zu meinem Erstaunen die 39. Pflanze = 3 x 13. Sie unterstreicht damit ihre weibliche Seite und ihre weiblichen Hormone.

Die 39 steht vor der 40, die 4 auf einer höheren Ebene. Als Glücksbringer sucht man die vierblättrigen Kleeblätter. Bereits die Kelten sahen in einem vierblättrigen Kleeblatt die vier Elemente. Es symbolisiert das Kreuz und steht für perfekte Ausgeglichenheit, wie die Rune Gifu.

Auch das Thema Ernährerin ist ein weibliches Thema. Die Mutter ernährt mit der Brust das Kind. Die Frau ist traditionell für das Kochen zuständig. Im Gehirn ist dieses Programm entwicklungsgeschichtlich so abgespeichert, die Frau als Ernährerin der gesamten Familie. Bei schweren schockartigen Sorgekonflikten oder Streitkonflikten schlägt sich das in der Brust nieder, egal, ob das Kind noch gestillt wird oder schon erwachsen ist oder ob es den Partner betrifft (siehe Dr. Hamer).

Feinstrahl

40. Der Feinstrahl –das Wünschen

Hallo, ihr nennt mich Feinstrahl, weil ich so feine zahlreiche Blütenblätter besitze, viel feiner als beim Gänseblümchen. Ich wachse hoch und kann die Größe meiner Umgebung auf der Wiese annehmen. Ich bin sehr anpassungsfähig. Ich bin eine Pflanze, die am Wegesrand genauso wächst wie auf der Waldwiese.
Ich habe noch einen zweiten Namen, der meine eigentliche Aufgabe widerspiegelt. Berufskraut, weil ich eure Wünsche weitertragen kann. Mit mir könnt ihr rufen, berufen und verrufen. Ich bin euer Spiegel, ich sehe und höre eure Absichten, euer Verlangen, eure Wünsche und Sehnsüchte.
Aber wie ein Spiegel zeige ich euch, was ihr wirklich seid, wie ihr wirklich seid und bringe das zurück, was wirklich hinter euren Wünschen, Absichten und Verlangen steht. Das, was ihr nicht unbedingt sehen wollt. Damit ihr euch selbst erfahrt, kommt das zurück, was ihr aussendet für andere. Und auch für die Wünsche, die ihr für euch selbst hegt. Sie haben ihren Preis und es stellt sich erst hinterher heraus, ob euch dieser Preis gefällt, ob euch dieses Spiegelbild gefällt, das zurückgeworfen wurde.
Ich bin dazu da, dass ihr euch selbst erfahrt, dass ihr eure verborgenen Seiten kennenlernt, die ihr selbst nicht seht und nicht sehen könnt. Es ist die Sicht der Seele, die eure Emotionen kennt, die weiß, wo die Ursachen für eure Emotionen liegen, und die mich beauftragt, das Spiegelbild zu schaffen, in dem ihr euch selbst erkennen könnt.
Ich bin dazu da, eure Wünsche, die aus euren Emotionen entstanden sind, zu spiegeln, um die Emotionen erkennen zu können, die euch ruhelos machen, ruhelos wie die Stiefmutter bei Schneewittchen.

Meine Botschaft für dich

Du hast mich gewählt, weil du ruhelos bist, weil du einen tiefen Wunsch hegst. Dieser Wunsch entgleitet dir ständig, denn deine Seele weiß, aus welchem Grund der Wunsch entsprungen ist, was die wahre Quelle ist.
Wünsche werden erst erfüllt, wenn die wahre Quelle erkannt wurde. Aber gleichzeitig mit dieser Erkenntnis wird der Wunsch unwichtig. Das Paradoxe geschieht dann, der Wunsch wird erfüllt, wenn es kein Wunsch mehr ist und wenn du deine Ruhe gefunden hast.

Ich helfe dir, den Ursprung deines Wunsches zu erkennen. Ich helfe dir, dich selbst zu erkennen. Ich helfe dir, deine Ruhe zu finden. Ich helfe dir, deinen Wunsch zu erfüllen.
Ich bin dein Spiegelbild, ich werde zu deinem Wunsch, ich bin dein Wunsch, ich bin deine Selbsterkenntnis. So wie ich mit meiner Größe die Umgebung spiegle, wie ich mich der Umgebung anpasse, so passe ich mich deiner Seele an. Dein Wunsch wird zu meinem Wunsch.

*

Der Feinstrahl enthält Warnungen: Der Preis könnte zu hoch sein und Wünsche aus egoistischen und sonstigen negativen Ambitionen, die in den schwarzmagischen Bereich fallen, werden zurückgespiegelt. Im Schamanischen sagt man, dass die Schwingungen um das Siebenfache verstärkt zurückkommen, im Positiven wie im Negativen. Das bedeutet, dass man sich sehr genau überlegen sollte, was man sich wünscht, und die Ambitionen ergründen sollte, bevor der Feinstrahl das tut.
Im Schamanismus ist man sich sehr bewusst, dass man sich durch bestimmte Rituale selbst sehr großen Schaden zufügen kann, wenn sie mit den falschen Absichten getan werden. Da der Schamane sehr viel Macht erhält, wird in der Ausbildung sehr viel Wert darauf gelegt, dass er genau vor solchen egoistischen Wünschen und Zielen frei ist, um sich durch die Resonanz nicht selbst zu zerstören.

Gänseblümchen

41. Das Gänseblümchen – die Unverdrossenheit

Hallo, ich bin das Gänseblümchen. Ich begegne dir ständig auf der Wiese. Auf dem kurzgeschorenen Rasen bin ich zu Hause. Früher übernahmen das die Gänse, heute fahren die Rasenmäher über die Wiese und halten die Pflanzen kurz. Auch ich werde abgemäht. Aber das stört mich nicht. Nach ein paar Tagen bin ich wieder da und blühe und verziere die grüne Fläche. Ich bin nicht kleinzukriegen, auch wenn ich schon klein bin. Ich bin nicht unterzukriegen, ich bin unverwüstlich. Selbst Frost macht mir nichts aus. Unverdrossen blühe ich trotzdem. Und wie meine große Verwandte, die Margerite, werde ich für das Orakel von den Kindern genutzt. Die Kinder haben mich gern, sie flechten Kränze aus mir.

Ich bin eine alte Heilpflanze und wurde verehrt. Sogar Könige schmückten sich mit mir. Ich heilte die Wunden ihrer Krieger. Aber nicht nur das – ich verleihe Unverdrossenheit, Ausdauer und Vertrauen, dass man auch nach Verletzungen wieder aufrecht stehen kann, dass Verletzungen heilen, nicht nur körperlich, sondern auch seelisch. All das, was ein Krieger braucht, um seine Aufgabe zu erfüllen. Schutz zu geben, dem König und dem Volk.

Ich trage eine unverdrossene Heiterkeit, unbeeindruckt von dem, was im Außen passiert, wie das Wetter ist oder ob die Blüten genommen wurden, ob die Blüten niedergetreten wurden. Mit dem Wissen und der Kraft, jederzeit von neuem austreiben zu können, neue Blüten formen zu können, mit Zähigkeit und Ausdauer, mit Fröhlichkeit und Unbeschwertheit. Ich trage diese Kräfte in mir, ein Schutz vor den Verletzungen des Lebens, Schutz verleihend vor Traumen, Traumen auflösend.

Ich bin für die Krieger da, ich lasse die Kinder zu Kriegern werden, verleihe ihnen die Kräfte, die sie benötigen, um mit den Verletzungen des Lebens fertigzuwerden und doch ihre Kindheit zu wahren, die fröhliche unbeschwerte Zeit und sie als fröhliche unbeschwerte Zeit zu erleben. Ich bin wie die fröhlichen Kinder auf der Wiese.

Meine Botschaft für dich

Du hast meinen Weg gekreuzt zu einem Zeitpunkt, wo deine Seele eine Verletzung aus der Kindheit heilen möchte, die dich bis heute bewusst oder unbewusst verfolgt. Deine Seele möchte diesen Ballast loswerden, möchte dir jetzt die unbeschwerte Kindheit geben. Die Wunde soll sich schließen dürfen, auch wenn es eine Narbe geben wird, so dass du Seiten in Zukunft leben kannst, die diese Wunde verhindert hat.

Bis jetzt nimmt dir diese Wunde die Kraft, führt dazu, dass du in deiner Bewegungsfreiheit beeinträchtigt bist, dich lähmt, dein Wachstum behindert.

Nun ist es Zeit für Wachstum, für Freiheit, für Leichtigkeit, für Fröhlichkeit, für völlig neue Seiten deines Daseins.

Komm auf meine Wiese, spiele mit mir, fühle meine Fröhlichkeit, Unverdrossenheit und Liebe. Ich zeige dir, wie das geht. Ich kann deine Wunden transformieren, ich trage starke Kräfte in mir. Ich bin eine Physikerin, Chemikerin und Schamanin, auch wenn man mir das nicht ansieht. Ich transformiere dein Seelenleid.

Ich bin wie die Sonne, mit der ich eng verbunden bin. Ich bin ein Schmelzofen, ein Generator, ich beherrsche die Kunst der Formwandlung, der Alchemie. Ich bin eine Heilerin, ich wandle den Schmerz in Wachstum, so dass du über dich selbst hinauswachsen kannst. Ich bin wie die Sonne, deren Wärme aus einer gigantischen Entfernung auf der Erde zu spüren ist und unseren Tag erhellt.

Ich bin das fröhliche Kinderlachen und die schöpferische Energie, die darin steckt. Verbinde dich mit mir. Ich bin ähnlich wie die Arnika. Ich

verhindere, dass du in deinen Traumen steckenbleibst, ich verleihe dir Schutz und ich kann Einfluss auf verletzte Gene nehmen.
Ich bin wie die Sonne, eine Wandlerin der Elemente. Ich hüte eines der Geheimnisse der Schöpfung. Ich bringe dir die geheilten Seelenanteile zurück. Ich verbinde, was getrennt wurde. Ich bin wie die Sonne und beherrsche die Kernfusion.
Ich werde dir die Kraft verleihen, dich zu transformieren, und ich gebe dir die Kraft, deine Umgebung zu transformieren zum Besseren im Leben. Ich bin das Lachen des Universums.
Lass dich anstecken durch meine Fröhlichkeit, sie transformiert dich und deine Umgebung. Sie verbindet dich mit deiner Umgebung. Sie verbindet dich mit dem, wovon du getrennt wurdest und wovon du dich aus deinem Schmerz heraus getrennt hast, zu etwas völlig Neuem.

Lebe die Neugier, wie ein Kind neugierig ist auf das kommende Neue.

*

Bei Laborversuchen wurde den Gänseblümchen Erde gegeben, die kein Zink enthielt, und weder das Gießwasser noch die Luft enthielten Zink. Als man dann das Gänseblümchen untersuchte, fand man trotzdem Zink. Bis heute kann sich die Wissenschaft das nicht erklären und kennt die alchemistischen Vorgänge nicht, die in diesem kleinen Wesen zu dieser erstaunlichen Fähigkeit führen.
Gänseblümchen enthalten Zink. Zink heilt Verletzungen, was zum Thema des Gänseblümchens gehört.

Spitzwegerich

42. Der Spitzwegerich – der Ritter

Ich bin der Spitzwegerich, ich stehe auf eurem Weg und in den Wiesen. Ich bin euch Menschen schon sehr lange ein Wegbegleiter. Ich schütze euch vor Erkältungen und Husten, ich nehme euch das Fieber. Meine Blätter, meine Wurzeln, sogar mein Samen sind euch nützlich und auch die Bienen holen meinen Pollen. Wenn ihr meine Blüten abmäht, recke ich sie von neuem in die Höhe zur Freude der Bienen. Ihr solltet mich nicht im Rasen als Unkraut betrachten, denn mein Pollen steht den Bienen noch zur Verfügung, wenn die anderen Blüten rar werden.

Ich helfe euch aber auch, Verletzungen zu heilen, Wunden zu schließen. Ich ziehe einen Schutzfilm über eure Wunden und kühle die Hitze der Entzündungen. Ich bin eine starke Waffe gegen Infektionen, wie meine Blätter euch erzählen, die wie Speerspitzen und scharfe Messer aussehen und euch an Stichverletzungen erinnern, nicht nur durch Speere und Messer verursacht, sondern auch durch Stiche der Insekten.

Ich bin euch ein Schutz, wie meine Blüte euch erzählt, die wie eine Pelzmütze aussieht. Ich freue mich, wenn ich euch helfen kann, denn das ist meine Aufgabe. Ich bin ein Diener eurer Gesundheit.

Lasst mich also in euren Gärten wachsen und vertreibt mich nicht aus eurem Rasen. Ich bin ein wichtiges Glied in der Kette der Natur, in Urds Netz.

Ich bin ein Verbündeter der weisen Frauen, schon seit ewigen Zeiten. Ich rettete euch vor dem Tod, bevor es eure Antibiotika gab. Ich habe euch ins Gleichgewicht zurückgebracht und tue das heute noch. Ich helfe euch auch, wenn ihr durch die Natur streift und, bringe euch in die Mitte zurück, eure psychischen Verletzungen heilend. Ich bin da, auf eurem Weg, auch wenn ihr mich nicht bemerkt, weil andere Blüten euch in ihren Bann ziehen.

Ich bin wie ein stiller, alter, treuer Diener, der weiß, was ihr braucht, und euch genau das bringt. Der immer da ist, still und unbemerkt und euch zur Hand geht, der euch die Utensilien reicht, die ihr gerade benötigt, ohne dass ihr ein Wort darüber verlieren müsst. Der manches schon parat hält, auch wenn ihr selbst noch nicht daran gedacht habt.
Ich bin eure Waffe gegen die Verletzungen dieser Welt. Ich bin euer Krieger mit Schild und Speer, der an eurer Tür steht und nur den einlässt, der eingelassen werden darf.

Meine Botschaft für dich

Du kreuzt meinen Weg, wenn du Hilfe brauchst gegen Verletzungen, die dir zugefügt wurden und die wie ein Geschwür in dir nagen und dich zu zerstören drohen. Sie durchbohren dich und hinterließen Keime des Hasses, der Wut, der Ohnmacht, der Schutzlosigkeit. Jemand hat dein Innerstes getroffen, ist in dein Reich eingedrungen, hat deine Grenzen verletzt und nun brauchst du Hilfe, um die Grenzen wieder herzustellen, um das Eingedrungene zu beseitigen und die Wunden zu schließen. Du brauchst Hilfe, um daraus zu lernen, warum dies möglich war, warum man deine Grenzen missachtet hat, warum man meint, dich missachten zu können.
Du fragst dich, ob du diese Respektlosigkeit verdient hast und ob du einen Grund geliefert hast.

Ich kann dir helfen zu erkennen, wo die Ursache lag, denn ich stehe auf deinem Weg und weiß, welchen Grund es geben könnte.
Ich bin dir eine Waffe, die Eindringlinge hinauszuwerfen und das Tor zu schließen, damit du Kräfte sammeln kannst, um ein erneutes Eindringen zu verhindern.
Ich helfe dir, in deine Mitte zu kommen, um zu erkennen, dass es immer zwei dafür gibt: einen, der eine Ursache zum Angriff liefert, und einen, der diese Ursache sucht.

Ich bin deine Speerspitze, deine Verteidigung.
Ich bin dein Wachposten am Tor, ich bin dein Ritter, der dir zu Diensten ist, der einen Eid geschworen hat, dein Leben zu verteidigen, deine Position zu wahren, dein Reich zu schützen und Feinde vor den Toren zu halten.
Ich gebe mein Leben für deines. Aber ist es nicht besser, dafür zu sorgen, dass du keinen Grund für einen Angriff lieferst, bevor die Feinde auch mich überwältigen? Deshalb ist es wichtig für dich herauszufinden, was der Anlass ist, dass du Feinde vor den Toren hast und warum sie gewaltsam Einlass begehren. Wo deine Schwäche liegt, die andere dazu verführt, dich zu verletzen. Ich werde dir helfen, diese alte Wunde zu finden. Ich werde dir helfen, diese alte Wunde zu schließen, die die Ursache ist für deine Schwäche, die die Ursache ist, dass deine Feinde vor den Toren lauern, die Gelegenheit suchend zum Angriff.
Ich helfe dir, dass sie die Gelegenheit nicht mehr erhalten und aufgeben und erkennen, dass es keine Gelegenheit mehr geben wird und davonziehen.
Ich höre vor dem Tor, was deine Feinde vorzubringen haben, um den Angriff zu rechtfertigen, und helfe dir, die richtige Strategie für die Verteidigung zu entwickeln. Ich bin ein Ritter, ein alter Kämpe und kann auf unzählige Erfahrungen darin zurückgreifen. Du kannst auf meine Dienste vertrauen, wie ein langer Weggefährte. Ein Weggefährte und ein Diener, der schon deinen Großeltern und deinen Eltern dienen durfte und glücklich ist, auch der jüngsten Generation beistehen zu dürfen, um für das Wohlergehen der Jüngsten zu sorgen.

*

Bei den Angelsachsen wurde er als eines der heiligen Kräuter bei Fieber, Schlangenbissen, Wunden, Hämorrhoiden und anderen Erkrankungen geschätzt. In der Volksheilkunde werden die frischen zerriebenen Blätter bei Insektenstichen, bei Verbrennungen und Wunden verwendet. Bei Zahnschmerzen wird das Kauen der Wurzel empfohlen. Tee oder Saft nimmt man bei Erkrankungen der Atemwege: Husten, Heiserkeit, chronische Katarrhe. Die Homöopathie schätzt ihn bei Nervenschmerzen und Bettnässen.

Brennessel

43. Die Brennnessel – das Feuer und das Wasser

Hallo, ich bin die Brennnessel. Jeder hat mit mir schon Bekanntschaft gemacht. Ich habe feine Brennhaare und wenn man mich berührt, bekommst du diese zu spüren. Ich bin fast überall auf der Erde zu Hause.

Ich bin Feuer und Wasser zugleich. Ich habe Feuer und Wasser in mir und verbinde sie. Ich kann das Feuer löschen und ich kann das Wasser ausschwemmen. Ich kann Feuer hervorrufen und das Wasser ansammeln. Ich bin die reinigende Kraft des Feuers und des Wassers. Ich bin die transformierende Kraft des Feuers und ich bin die transformierende Kraft des Wassers. Ich lösche die Brände in dir, ich schwämme die Giftstoffe aus.

Das Feuer und das Wasser in mir ergeben eine gute Suppe, die dir die Gesundheit erhält und Gesundheit wiederherstellt, wenn die Elemente Feuer und Wasser in dir durcheinandergeraten sind.

Ich kann dir helfen, wenn du meinst im Feuer zu stehen und ich kann helfen, Brände zu verhindern. Früher nutzten mich die Leute als Schutz vor Blitzschlag, denn ich bin mit Gott Thor verbunden.

Ich bin das Brennen in dir und ich lösche das Brennen in dir. Ich bin unnahbar, denn ich schütze mich.

Meine Botschaft für dich

Es gibt viele Aspekte, viele Seiten anzuschauen.

Wenn du mich gewählt hast, dann kann es sein, dass du einen brennenden Wunsch hegst, es brennt dir förmlich auf der Seele, es ist etwas, was du nicht erreichen kannst. Es kann aber auch sein, dass du dich wie ich unnahbar gemacht hast, so dass dich niemand erreichen kann. Es sei denn, er verbrennt sich die Finger an dir.

Du musst dich nun entscheiden, deinen Schutz aufzugeben oder getrennt von anderen zu bleiben. Was ist dir lieber? Überlege, ob du diese Brandmauer noch benötigst, die du aufgebaut hast, aus einem Grund, der in der Vergangenheit liegt, ob dieser Grund noch besteht und nützlich ist oder ob es vielleicht besser wäre, nun einen anderen Weg einzuschlagen.
Meine Fasern wurden früher zu Gewebe verwendet, der Nessel. Das ist ganz in Vergessenheit geraten. Ein Gewebe, eine zweite Haut, ein Schutz, eine Grenze, die dich von der Umgebung und von anderen trennt. Und es ist wieder das Thema Trennung: möchtest du dich trennen oder hat sich jemand von dir getrennt?
Ich kann dir helfen, diese Grenze zu finden, diese Grenze wieder zu fühlen und eine Entscheidung zu treffen, was zu dir gehört und was nicht, was zu dir gehören soll und was nicht. Ich kann dir helfen, Trennungen zu verkraften und anzunehmen, loszulassen, was sich getrennt hat.
Ich bin die Brennnessel und webe das Geflecht neu. Ich reinige deine Gelenke, so dass du loslassen kannst, dass deine Gelenke entspannen und sich öffnen und nicht mehr krampfhaft festhalten, was vergangen ist.
Eine Öffnung, eine Reinigung, die wie im Frühjahr einen Neubeginn ermöglicht, die Platz schafft, wie ein Hausputz, die Entwicklung und Anpassung bringt.
Ich miste aus, ob es nun in den Gelenken ist oder in deiner Haut oder ob es die Nieren sind und die Blase ist. Ich schwemme aus, was nicht mehr benötigt wird, was sich abgelagert hat. Ich reinige auch deine Gedanken und deine Gefühle.
Mit mir kannst du loslassen. Mit mir kannst du deine Grenzen neu setzen und dich gleichzeitig befreien.

*

Trennung und Verbindung ist ein Thema der Brennnessel. Trennung in Form von Ausmisten, Reinigung und Loslassen. Die Verbindung wiederum ist gefragt, wenn ihre Fasern verwebt und zusammengenäht werden. Der Wortteil „Nessel“, stammt von dem alten indogermanischen Wort nazza = nähen, aus den Zeiten vor Einführung der Baumwolle, in denen aus Brennnessel-Fasern das Nesselgewebe hergestellt wurde. Von „nazza“ leiten sich das niederländische Wort „netcl“ und das englische „nettle“ für nähen ab und das deutsche Wort Nadel.

Pfaffenhütchen

44. Das Pfaffenhütchen – die Zauberin

Hallo, hier ist die Fee des Pfaffenhütchens. Ich bin meistens ein Strauch, kann aber zu einem Baum werden. Meine Blüten haben nicht nur eine auffallende Farbe, sondern auch eine auffallende Form. Leuchtend rosarot hängen sie wie Kirschen herunter und meine Frucht ist meistens kräftig orange. Alles an mir ist giftig und kann für euch gefährlich sein. Deshalb wurde ich auch benutzt, um Schädlinge wie Wanzen zu vertreiben. Ich bin eine starke Pflanze, eine Feenpflanze, eine Zauberin mit Verbindung zur Anderswelt, für Verschwörungen, Verwünschungen und Zauberformeln. Ich bin in beiden Welten zu Hause – in der Wirklichkeit und in der nichtalltäglichen Wirklichkeit. Ich bin eure Botin, Nachrichtenübermittlerin an die Anderswelt, an Urds Netz.

Ich bin eure Bittstellerin, die eure Wünsche übermittelt, ich bin euer Sprachrohr.

Ich bin eine Pflanze, aus deren Holz die Spindeln hergestellt wurden. Die Spindel, an der sich Dornröschen stach.

Ich bin die Fee, die Dornröschen in ihr Reich mitnahm, auf einen 100-jährigen Schlaf. Ich bin die Fee, die Dornröschen aus dem Schlaf entließ und einen Traum wahrwerden ließ von einem Prinzen.

Ich bin die Zauberfee, die dich befreit. Ich bin die Zauberfee, die dich beschützt.

Meine Botschaft für dich

Du hast mich gewählt, weil du Schutz brauchst vor negativer Energie, die dir entgegengebracht wird, vor Angriffen von negativer Energie und vielleicht sogar von schwarzmagischen dunklen Energien. Ich werde dich schützen und die Energien wandeln, wie die Fee bei Dornröschen,

die den Tod in einen 100-jährigen Schlaf wandelte. Ich bin deine Botin zu den Wesen der Anderswelt.
Aber hüte dich selbst vor der Aussendung von negativen Wünschen, alles kommt siebenfach verstärkt zurück. Es liegt kein Friede darin, andere Menschen beeinflussen zu wollen, auch wenn es gut gemeint ist. Überlege also wohl, was du wünschst.
Ich bin deine Spindel, mit der du den Schicksalsfaden spinnst, deinen Schicksalsfaden.
Deinen Schicksalsfaden zu Urds Netz, mit dem alles und jedes verwoben und verbunden ist. Ich bin dein Zugang zu Urds Netz, zu Urd, zu Verdandi und Skuld, die an der Quelle am Fuße des Weltenbaumes sitzen, den Schicksalsfaden spinnend, abmessend und abschneidend, wenn die Zeit gekommen ist.
Ich bin die Spindel von Urd. Ich bin dein Bote zu Urd an der Quelle. Schade dir nicht selbst. Nutze mich weise wie die Weisen Frauen. Ich bin die Pflanze der Spinnerinnen. Ich bin der Spindelbaum, der ein Geschenk in deinen Händen sein kann, aber auch ein Gift.
Du spinnst deinen Schicksalsfaden selbst und doch nicht. Es tun die anderen, die Nornen. Das ist das Paradoxe der Verbindung in Urds Netz. Du tust, aber es ist bereits getan, das Schicksal ist bereits festgelegt. Du kannst es ändern, aber auch nicht.
Deshalb braucht es Weisheit, um mit mir zu arbeiten, zwischen den Welten, im Morgengrauen und in der Abenddämmerung, wenn es weder Tag noch Nacht ist.
Besuche mich im Riss zwischen den Welten, zwischen Licht und Finsternis und ich werde dir eine treue Gefährtin sein, deinen Schicksalsfaden spinnend, drehend, wie die Schnur der DNS, wie die Spirale des Lebens.
Ich bin in deinen Händen und zugleich in Urds.

*

Das Thema der 13 hatten wir ja schon. Hier nun wieder. Das Pfaffenhütchen bezieht sich auf das Märchen Dornröschen. Bevor die 12. Fee ihren Wunsch für Dornröschen äußern konnte, kam die nichteingeladene 13. Fee und wünschte ihr den Tod. Die 12. Fee wandelte daraufhin den Tod in einen hundertjährigen Schlaf. Die 12 steht für das Sonnenjahr und die Zeit. Die 13. Fee steht außerhalb der Zeit, in diesem Fall für den Tod. Die 12. Fee wandelt also den Tod in einen sehr langen Schlaf innerhalb der Zeit um. Zwischen 12 und 13 ist der Riss zwischen den Welten. Die Indianer nennen den Schlaf den kleinen Tod. Dornröschen wandelt auf der Schwelle, zwischen den Welten, umgarnt von der Heckenrose, das Sinnbild für Werden und Vergehen.

Ein zweiter Name für das Pfaffenhütchen ist der Spindelstrauch, weil aus ihm die Spindeln zum Wollespinnen gedrechselt wurden. Das Pfaffenhütchen, ein giftiger Strauch, der sogar zu einem 6 m hohen Baum wachsen kann. Kein Wunder, dass Dornröschen in dem Märchen durch den Stich an der Spindel in einen tiefen Schlaf fiel – ein Hinweis auf das Pfaffenhütchen, die Übermittlerin der Wünsche an die geistige Welt und die Schicksalsfäden, die damit gesponnen werden.

Nach der germanischen Mythologie sitzen die drei Schicksalsnornen, die älter sind als alle anderen Wesen, an einem Brunnen am Fuße des Weltenbaums. Dabei spinnt Urd den Schicksalsfaden, Verdandi misst ihn ab und Skuld schneidet den Faden durch. Sie werden deshalb mit den Spinnrocken dargestellt. In Gräbern von Schamaninnen fand man als Grabbeigaben Spinnrocken oder auf den steinernen Sarkophagen wurden Spindeln und Spinnrocken dargestellt. Der Spinnrocken ist einer der heiligen Gegenstände der Frau wie für den Mann das Schwert. Hierin drückt sich der Gegensatz zwischen weiblich und männlich aus: Beim Spinnen wird etwas verbunden, genauso wie beim Weben oder Nähen. Mit dem Schwert wird etwas getrennt.

Hirschzungenfarn

45. Der Hirschzungenfarn – der Seelenheiler

Ich bin der Hirschzungenfarn. Ich stehe im Schatten des Waldes und meine Blätter erinnern an eine Hirschzunge, daher habe ich meinen Namen. Ich bin selten geworden in euren Wäldern, dabei leistete ich euch gute Dienste und tue das heute noch.
Ich bin ein Farn und habe eine sehr lange Geschichte. Mein Ursprung reicht in die Zeit zurück, als Dinosaurier die Welt bevölkerten. Ich habe viel Wissen angesammelt, dass ich euch gerne zur Verfügung stelle.
Ich bin mit den Wesen der Urzeit verbunden, ich bin ein Glied in der Schöpfung, ich nehme daran teil.
Ich unterstütze dich in deinem menschlichen Dasein, in dem ihr nicht alles so nehmen könnt, wie es ist, in dem ihr immer wieder aus der Mitte fallt, die die Heilung bringt und Heilung ist. Es ist schwer für euch, die Balance zu halten. Ich bringe euch in diesen Urzustand zurück, in das Heilsein. Wir Farne waren euren Vorfahren heilig, weil wir verbunden sind mit den Zwergen, Feen, Elfen, all diese Wesen, die da sind, um euch zu unterstützen, eure Mitte wiederzufinden, wenn ihr aus diesem Zustand gefallen seid. Wir sind euch heilig, weil wir die Mitte kennen und euch helfen, heil zu werden, auch heilig zu werden, wenn ihr wiederum anderen dabei helft.
Ich bin ein Seelenheiler, ich bin verbunden mit eurer Seele und kann euch helfen, verlorene Seelenanteile zurückzuholen, die durch traumatische Erlebnisse von euch gegangen sind. Ich bringe euch aus dem Todstellreflex heraus, aus der Erstarrung, die euch überfiel, als das Leben zu heftig mit euch umsprang, euren Atem nahm und die Muskeln lähmte.
Ich bringe euch die Beweglichkeit zurück, nicht nur der Muskeln und Gelenke, sondern auch der Gedanken.

Ich bringe euch in die Entspannung, in den erholsamen Schlaf, der euch gefehlt hat seit dem traumatischen Erlebnis. Ich reinige eure Leber, die durch Ablagerungen verschmutzt wurde, weil die Reinigung nicht mehr möglich war durch die Erstarrung, weil Giftstoffe entstanden, schädliche Stoffwechselprodukte.
Ich befreie euren Atem, der euch vor Angst stockte, die Angst, die die Atemmuskulatur einfror.
Ich nehme euch die Kälte, die durch den Schock entstand, die die Gedanken einfror, nicht nur eure Muskeln.

Meine Botschaft für dich

Du kommst zu mir zu einem Zeitpunkt, wo sich ein Trauma von dir lösen möchte. Es kann schon länger zurückliegen, aber auch frisch sein. Deine Seele wünscht, wieder ganz zu werden, so wie meine Blätter, die nicht wie bei den anderen Formen gefiedert sind, sondern ganz sind.
Ich helfe dir dabei, deine verloren gegangenen Seelenanteile zu finden und zu integrieren, ein neues, wiedergeborenes Leben zu feiern und die Schocks und Unfälle in deinem Leben zu überwinden. Ich bringe dir die Freiheit des Atems, die Freiheit der Gedanken und Handlungen zurück. Ich reinige deinen Körper, deine Zellen, von der liegengebliebenen Arbeit während der Erstarrung und von den Giften, die sich daraus entwickelt haben.
Ich bin der Hirschzungenfarn, der dir hilft, in deine Mitte zurückzukehren und all deine verlorenen und vermissten Anteile bei der Rückkehr zu begrüßen und feierlich aufzunehmen.
Ich bin der Hirschzungenfarn, der die Dramen des Lebens kennt, die Erdbeben, die Vulkanausbrüche, die Stürme und Überschwemmungen, das Herausgerissenwerden, das Fortgespültwerden, sengende Hitze und erstarrende Kälte.

Ich weiß, was das Leben alles bringen kann. Ich bin seit langer Zeit auf dieser Erde und kenne die Umwälzungen des Lebens. Ich habe alles überdauert. Ich kann dir helfen, ein Fels in der Brandung zu werden, die Gischt zu spüren und die Wellen als Bewegung wahrzunehmen und trotzdem, trotz alledem im Gleichgewicht zu bleiben, sich nicht fortspülen zu lassen, sondern mit den Wellen zu schwimmen, die das Leben bringt.

*

Der Hirschzungenfarn ist die 45. Pflanze, das ist die 4 + 5 = 9. Die Neun steht am Übergang zur Zehn, die eine Weiterentwicklung darstellt, die Eins auf einer höheren Ebene. Dadurch, dass er hilft, Schocks zu überwinden, und verlorene Seelenanteile zurückholt, kann ein völlig neues Leben beginnen, reich an Erfahrungen.
Durch die Hildegard-Medizin wurde der Hirschzungenfarn wieder ins Bewusstsein zurückgeholt. Nicht nur das Hirschzungenelixier gegen Husten und Leberprobleme findet immer mehr Anerkennung, sondern auch das Hirschzungenfarnpulver gegen Schmerzen.
Schädeltrauma, Gehirnerschütterung, Kopfschmerzen, Verhütung von Unfallspätschäden sind Anwendungsgebiete. Dabei wird das Pulver als Soforthilfe aus der Hand aufgeleckt oder in warmen Wein eingerührt.

Gartenwolfsmilch

46. Die Gartenwolfsmilch – der Berserker

Hallo, hier ist die Gartenwolfsmilch. Ich liebe lockere Gartenerde und ich stehe deshalb gerne in euren Blumen – und Gemüsebeeten. Wenn ihr mich abrupft, tritt ein weißer Milchsaft aus. Ihr müsst euch hüten, diesen Milchsaft auf die Haut zu bekommen, denn er ist stark ätzend. Ich schütze mich dadurch gegen Fraß und vor Krankheiten. Ich bin ätzend und giftig und trotzdem eine Heilpflanze. Aber mein Gebrauch erfordert Vorsicht und Kenntnisse.

Ich heiße Wolfsmilch, das kommt nicht von ungefähr. Ich trage ein Wolfshemd, ich bin verbunden mit den Berserkern. Ich trage die Kraft der Berserker, deshalb ist Vorsicht mit dem Umgang mit mir angeraten. Ich bin ein starker Kämpfer, geschützt durch die Milch, wie das Wolfshemd der Berserker. Wild ist meine Art und von einer zerstörerischen Art. Deshalb hat man mich früher auch gegen Warzen und Hühneraugen verwendet. Ich bin ein starker Kämpfer.

Ja, die Wut der Berserker ist sprichwörtlich und wo ich hinhaue, da wächst kein Gras mehr. Da wächst auch kein Haar mehr.

Ich zerstöre gründlich, ich trage die Kraft des Wolfes und der Bären.

Meine Botschaft für dich

Du hast meinen Weg gekreuzt, weil du dich voller Ohnmacht fühlst. Du benötigst einen starken Krieger, der für deine Sache eintritt, der sich durch nichts und niemanden einschüchtern lässt, der seinen Mann steht. Ich bin ein gutmütiger alter Zottelwolf, aber was man mit dir gemacht hat, was mit dir geschehen ist, da stellen sich mir sämtliche Wolfspelzhaare auf. Ja, deine Gutmütigkeit wurde ausgenutzt, viel zu lange hast du das gewähren lassen und nun kommt deine ohnmächtige Wut hoch.

Aber du hast nicht gelernt, dich zur Wehr zu setzen, deine Kräfte, die du durchaus hast, wirksam einzusetzen.
Ich werde dir helfen, den Sieg davonzutragen, ich werde dir meine Kräfte leihen, die Kräfte der Berserker. Du wirst mit mir zusammen einen tollen Kampf führen und einen herausragenden Sieg davontragen. Du wirst lernen für deine Sache einzustehen, du wirst der Wahrheit zum Sieg verhelfen und ich werde deine Waffen führen. So wie ich liebst du den lockeren nährstoffreichen Boden und machst es dir gerne bequem. Aber gerade diese Bequemlichkeit hat dich in diese Lage gebracht. Du hattest keinen Willen zu kämpfen und nun ist es geschehen: Du hast nur noch die Wahl zwischen totaler Selbstaufgabe, Selbstopferung und Kampf. Du hast versäumt, zur rechten Zeit zu deinem Schutz Vorkehrungen zu treffen, so wie ich das seit Urzeiten tue.
Ich weiß, wie man sich zur Wehr setzt, wie man sich schützt, wie man die Waffen richtig einsetzt und ich werde dir diese Waffen geben und dich lehren sie richtig zu führen.
Ich werde dich für den Kampf vorbereiten, dir aus dem nährstoffreichen Boden die Kräfte liefern und werde dir den richtigen Zeitpunkt und den richtigen Ort für deinen Gegenangriff nennen. Ich werde dich mit meinem Wolfshemd unverwundbar machen, denn ich werde dir die Weisheit vermitteln, dass es keine Niederlagen gibt, sondern dass du alles, was deine Gegner vorzubringen haben, nutzen kannst für dich selbst, wenn du auf dem Weg der Wahrheit wandelst.
Ich bin dir einer der stärksten Verbündeten, die du hättest wählen können.
Ich werde wie ein Bruder für dich kämpfen, deine Sache wird meine sein, so wie sich mein Stiel immer wieder in zwei Stiele teilt, ein Stiel für zwei.

*

Der Saft der Wolfsmilch ist stark ätzend und darf nicht auf die Haut oder gar in die Augen geraten. Genutzt wird er seit jeher gegen Warzen

und Hühneraugen. Ein Medikament aus der Wolfsmilch wird heute gegen Hautkrebs eingesetzt. Ansonsten wird Wolfsmilch in der Homöopathie eingesetzt, hier meistens die Zypressenwolfsmilch.
Man kann die Wirkung der Pflanze tatsächlich mit der Berserkerwut gleichsetzen: zerstörerisch. Aber es ist noch nicht alles um die Überlieferungen der Berserker geklärt. Aus schamanischer Sicht sind es meiner Meinung nach Kämpfer, die sich mit der Bären- oder Wolfsenergie verbanden, die Formwandlung beherrschten usw. Sicherlich eine Energie, die hilft, Ohnmachtsgefühle zu überwinden, wenn die eigene Gutmütigkeit ausgenutzt wurde. Vielleicht hatte ja jemand, der dermaßen ausgenutzt wurde, eine Formwandlung nötig.

Efeu

47. Der Efeu – die Hingabe

Hallo, ich bin der Efeu. Ich ranke an Bäumen und Mauern empor. Ich liebe den Schatten. Ich suche den Halt. Ich suche nach Orten, wo ich emporranken kann, mich vertrauensvoll festhaltend. Ich liebe diese Zweisamkeit und benutze die starke Basis meiner Partner, um mich daran aufzurichten, hochzustreben in eine andere Welt.

Ich bin keine Konkurrenz, denn ich blühe spät im Jahr, wo es kaum noch Blüten gibt, und ich trage Früchte im Frühjahr, wo es kaum andere Früchte gibt. Damit gleiche ich den Überfluss und Mangel zu bestimmten Jahreszeiten aus.

Ich bin voller Vertrauen in die Stabilität meines Partners, der mich hält und trägt und mich ungehindert unterstützt, nach oben zu streben zum Licht. Ich komme aus der Finsternis und strebe zum Licht. Und wenn ich das Licht erreicht habe im Alter, dann wandelt sich meine Form auf wunderbare Art, dann benötige ich den festen Halt nicht mehr. Meine Ranken haben es nicht mehr nötig, nach Halt zu suchen. Ich finde Halt in mir selbst.

Ich liebe diese Nähe, ich liebe das Anschmiegen an die raue Rinde. Ich bin voller Vertrauen und Treue. Treue bis über den Tod hinaus. Ich liebe die Partnerschaft, auch wenn wir so unterschiedlich sind, mein Partner mit dieser Standfestigkeit, der mir Stabilität gibt, und ich, der sich daran festhält und hochzieht und voller Vertrauen ist. Ich könnte durchaus nach einem anderen Partner suchen. Aber warum sollte ich? Es macht mir Spaß, immer neue Ranken nach oben zu schieben, und dabei meinen Partner liebevoll umarmend, liebkosend für seinen Dienst, den er mir erweist. Den Dienst, den er mir mit selbstloser Liebe bereitwillig gibt. Mein Partner weiß, dass auch ich eine wichtige Aufgabe in der Natur habe, und trägt mich willig, obwohl ich ihm außer meiner Zuneigung, Treue und Liebe nichts zurückgeben kann. Ich liebe ihn dafür umso mehr. Ja, ohne meinen Baum wäre ich gezwungen am Boden zu kriechen und könnte diese Höhe nie erreichen.

Meine Botschaft für dich

Du kommst zu mir zu einem Zeitpunkt in deinem Leben, wo dir der Halt fehlt, wo dir der Halt genommen wurde. Dir fehlt die nötige Unterstützung für deine Lebensaufgabe. Du kannst den Weg zum Licht nicht gehen, weil dir die nötige Unterstützung fehlt. Du möchtest gerne auf deinen Partner vertrauen, aber er vertraut nicht dir. Du bist voller Liebe und Offenheit, aber er gibt dir keine Chance, deine Vertrauenswürdigkeit und Treue zu beweisen.

So kannst du unmöglich dein Ziel erreichen, dein höheres Ziel, dem ja eigentlich auch dein Partner zustrebt. Es schmerzt dich sehr, dass deine Hingabe keine Erwiderung findet. Die Verschiedenheit lässt euch scheinbar scheitern. Und doch ist gerade diese Verschiedenheit eine Chance.

Ich bin der Efeu und ich gebe dir das Vertrauen, dass aus Vertrauen wieder Vertrauen erwächst. Nur wenn du selbst tief in deinem Inneren, im Unbewussten Zweifel hegst, wirst du kein Vertrauen finden.

Vertrauen ist aber nötig, damit deine Hingabe Erwiderung findet in seiner Hingabe, an seine Hingabe an deine Lebensaufgabe, die das gemeinsame Ziel hat, das Licht zu erreichen.

Ich kann dir helfen, diese bedingungslose Hingabe zu erreichen, diese bedingungslose Liebe und das bedingungslose Vertrauen.

Ich bin die Fee der bedingungslosen Liebe, die nötig ist, um alles zu heilen, was Widerstände verursacht, was das Vertrauen schafft und den Weg bereitet nach oben in eine höhere Bewusstheit.

Ihr wachst beide daran, du und dein Partner. Das ist der Sinn der Partnerschaft. Das ist der Sinn der Gegensätzlichkeit, der Verschiedenheit, die ihr in grenzenlosem Vertrauen erreicht. Ihr gebt euch dabei nicht selbst auf. Jeder bleibt in seiner Verschiedenheit bestehen, jeder hat seine Strategie des Lebens und doch erreicht ihr gemeinsam euer Ziel. Ich bin der Efeu und warte am Fuße des Baumes auf euch und erzähle euch von dem Weg der gemeinsamen Hingabe, der nach oben führt.

Stechpalme

48. Die Stechpalme – die Wiedergeburt

Hallo, ich bin die Stechpalme, die letzte in diesem Buch. Ich bin die 48. Pflanze, das ist 4 mal die 12.

Ich trage dornenbewährte Blätter zum Schutz vor Fraß. Meine Bestandteile sind giftig. Ich bin dadurch geschützt und biete Schutz. Meistens findest du mich als Strauch, aber ich kann durchaus ein stattlicher Baum werden.

Meine Farben sind grün, rot und weiß. Meine Blätter fallen im Winter nicht ab. Ich stehe für die Wiedergeburt der Sonne zur Wintersonnenwende. Dafür haben mich eure Vorfahren vor langer Zeit verehrt und in den Weihnachtsfarben bin ich noch zu finden. Meine Früchte sind wie kleine rote Glaskugeln, die ihr heute an den Weihnachtsbaum hängt, der symbolische Weltenbaum.

Ich stehe wie die Eibe, die ebenfalls rote Früchte trägt, für Tod und Wiedergeburt, für den Übergang, weil unsere Blätter nicht fallen, sondern ewig grün bleiben. Wir verheißen die neue Fruchtbarkeit des Frühlings mit unseren roten Beeren, die Wiederkehr des Lichts, der Sieg über die Finsternis. Ihr holtet uns deshalb in eure Zimmer zur Wintersonnenwende. Wir waren für eure Vorfahren heilige Pflanzen.

Meine Botschaft für dich

Du kommst zu mir in einer Zeit des Übergangs, in der dich das Leben zweifeln lässt, ob du jemals das Licht am Ende des Tunnels sehen wirst. Ob du jemals die Früchte deiner Anstrengungen und Mühen ernten wirst, ob du lebend durch diesen Winter kommst. Du fühlst dich schutzlos diesen Bedrohungen ausgeliefert.

Aber sieh mich an, ich bin dornenbewährt und habe vorgesorgt, weise vorausschauend.

Du kannst von mir lernen, dass man Vorsorge treffen muss. Ich bin dir eine Hilfe dabei.
Und ich bin die Verheißung, dass es wieder Frühling wird, dass du das Licht am Ende des Tunnels erreichen wirst, und ich werde dir die Kraft dafür geben, durch diese Zeit zu kommen. Sieh meine roten Früchte an, die für die Aussaat im Frühling stehen, die für die Fruchtbarkeit des Herbstes stehen, die für das Blut stehen und die fruchtbare Zeit der Frauen.
Meine roten Früchte, sie tragen meinen Samen, der die Zukunft ist.
Ich gebe dir die Hoffnung auf das Licht, auf die Wiedergeburt der Natur, auf deine Wiedergeburt.
Ich bin da, wenn dich im Leben die Finsternis umfängt, ich gebe dir das Licht und die Liebe zurück. Ich bin der Liebesapfel, der beides enthält – die Liebe, die das Leben schenkt, und der Tod, der zur Wiedergeburt führt.

*

Die Stechpalme als würdiger Abschluss für dieses Buch, das mit dem Fliegenpilz begann, der im Herbst wächst und zur Weihnachtszeit, der Zeit zwischen den Jahren, in getrocknetem Zustand für Reisen in die Anderswelt verwendet wurde. Die Stechpalme, die sich als Symbol für die Wiedergeburt zu erkennen gibt, die ebenfalls die Farben rot-weiß trägt wie der Fliegenpilz. So schließt sich nun der Kreis dieser für mich so erstaunlichen Reise.

Liste der Pflanzen mit lateinischem Namen

1. Der Fliegenpilz (Amanita muscaria)
2. Die Arnika (Arnika montana)
3. Das Eisenkraut (Verbena officinalis)
4. Die Mohnblume (Papaver rhoeas)
5. Die Nachtkerze (Oenothera biennis)
6. Das Johanniskraut (Hypericum perforatum)
7. Die wilde Malve (Malva sylvestris)
8. Die Schafgarbe (Achillea millefolium)
9. Die Wegwarte (Cichorium intybus)
10. Die Ringelblume (Calendula officinalis)
11. Das Hirtentäschel (Capsella bursa-pastoris)
12. Die Kamille (Matricaria chamomilla)
13. Der Sumpfschachtelhalm ((Equisetum palustre)
14. Die Wiesenglockenblume (Campanula patula)
15. Der Wasserdost (Eupatorium cannabinum)
16. Der Wiesensalbei (Salvia pratensis)
17. Die kanadische Goldrute (Solidago canadensis)
18. Die Karthäusernelke (Dianthus carthusianorum)
19. Die Angelikawurzel (Angelica archangelica)
20. Die Zitronenmelisse (Melissa officinalis)
21. Das Waldgeißblatt (Lonicera periclymenum)
22. Der Lavendel (Lavendula officinalis)
23. Der Löwenzahn (Taraxacum)
24. Der Borretsch (Boragia officinalis)
25. Das Heidekraut (Calluna vulgaris)
26. Der Storchschnabel (Geranium robertianum)
27. Der Rosmarin (Rosmarinus officinalis)
28. Die Wiesenflockenblume (Centaurea jacea)
29. Der Schwarze Nachtschatten (Solanum nigrum)
30. Das Schöllkraut (Chelidonium majus)

31. Die Margerite (Leucanthemum vulgare)
32. Das Taubenkropf-Leimkraut (Silena vulgaris)
33. Die Saat-Esparsette (Onobrychis viciifolia)
34. Die Ackerwitwen-Blume (Knautia arvensis)
35. Der Frauenmantel (Alchemilla)
36. Die Königskerze (Verbascum)
37. Die Heckenrose (Rosa canina)
38. Der Wurmfarn (Dryopteris)
39. Der Rotklee (Trifolium pratense)
40. Der Feinstrahl ((Erigeron annuus)
41. Das Gänseblümchen (Bellis perennis)
42. Der Spitzwegerich ((Plantago lanceolata)
43. Die Brennnessel (Urtica)
44. Das Pfaffenhütchen (Euonymus europaeus)
45. Der Hirschzungenfarn (Asplenium scolopendrium)
46. Die Gartenwolfsmilch (Euphorbia peplus)
47. Der Efeu ((Hedera helix)
48. Die Stechpalme (Ilex)

Anhang

Begriffe

Freya und Frey sind Zwillinge. Freya ist die Göttin der Liebe, Ehe und Fruchtbarkeit. Loki warf ihr vor, mit allen Asen und Alben Liebschaften gehabt zu haben.

Gaja ist die Erdgöttin, die als eine der ersten Götter entsteht und ohne Befruchtung den Himmelsgott Uranos gebiert.

Ginnungagap ist die große Leere, bevor die Schöpfungsgeschichte begann.

Pythia ist die weissagende Priesterin im Tempel von Delphi, dem Zentrum des europäischen Bienenschamanismus

Runen sind Zeichen, die die Weisheit ausdrücken, die dem Kosmos innewohnt.

Rune Sol ᛋ repräsentiert u. a. die Sonne und die Liebe

Rune Algiz ᛉ stellt das Elchgeweih dar (davon auch ihr Name) und steht für Harmonie und Gleichgewicht mit Mutter Erde

Rune Gifu ᚷ repräsentiert das Geschenk und ebenfalls Gleichgewicht und Harmonie, z. B. im Geben und Nehmen

Seelenanteile: Im Schamanismus ist eine der Hauptaufgaben des Schamanen, verloren gegangene Seelenanteile zurückzuholen. Teile einer Seele können sich durch traumatische Erlebnisse abtrennen und für Krankheiten sorgen.

Thor oder auch Donar ist der germanische Gott des Lichtes, Blitzes und Donners, wie der römische Jupiter oder griechische Zeus

Urds Netz ist ein Gewebe aus Lichtfäden und Lichthüllen, durch das alles mit allem verbunden ist. Dadurch wirkt sich das Individuum auf das gesamte Netz aus. In diesem Licht ist das Schicksal des Einzelnen sozusagen kodiert. Bei schamanischen Trommelreisen kann man dieses Netz sehen.

Urd, Verdandi und Skuld sind die drei germanischen Schicksalsnornen, die an der Quelle von Urd sitzen, an der Wurzel von Yggdrasil, dem Weltenbaum. Sie spinnen diese Schicksalsfäden und halten Spinnrocken und Spindel in den Händen.
Sie findet man rund um die Erde in den verschiedensten Kulturen. In der griechischen Mythologie heißen sie Clotho, Lachesis und Atropos.

Walküren sind spirituelle Kriegerinnen, die die gefallenen Krieger in die Ahnenwelt überführen.

Literaturverzeichnis:

Buxton Simon, *Der Weg des Bienenschamanen*, Verlag Edition Spuren, 2008
Eriksson Jörgen I, *Runenmagie und Schamanismus*, Verlag norrshaman, 2015
Hamer Dr. med. Ryke Geerd, *Vermächtnis einer Neuen Medizin*, Verlag Amici di Dirk, 1987
Hertzka Gottfried und Strehlow Wighard *Hildegard von Bingen – Grosse Hildegard-Apotheke*, Verlag Hermann Bauer, 1995
Levine Peter A., *Trauma-Heilung: Das Erwachen des Tigers,* , Verlag Synthesis, 1999
Pogacnik Marko, *Die Landschaft der Göttin*, Verlag Diederichs, 1997
Treben Maria, Gesundheit aus der Apotheke Gottes, Ennsthaler, 2001
Weinreb Friedrich, *Wunder der Zeichen, Wunder der Sprache*, Verlag Origo Bern, 1986
Weinreb Friedrich, *Zahl, Zeichen, Wort*, Thauros Verlag, 1999
Siehe www.weinreb-stiftung.org/buecherliste.php
Wadler Arnold, *Der Turm zu Babel: Urgemeinschaft der Sprachen,* Verlag Fourier, 1988

Pflanzen und Samen
(auch von seltenen und geschützten Pflanzen)
Blauetikett Bornträger
www.blauetikett.de
Wormser Str. 1, 67591 Offstein, Deutschland

Hildegard-Medizin: JURA Chema Konstanz GmbH
Nestgasse 2-78464 Konstanz,E-email: jura@hildegard.de
http://shop.hildegard.de/

Internetseiten:
Meine Internetseite www.die-regenbogenbruecke.com
Bienenschamanismus: www.sacredtrust.org
Baumschamanen: www.dustys-lebensholz.de
Runen und nordischer Schamanismus: www.norrshaman.net
Hi-ah Park: www.hiahpark.com
Hildegard-Medizin: www.hildegardvonbingen.info/

Sonja Spitteler
Als der Efeu sich verliebte
Vom Zauber der Naturwesen

Quirlige Luft- und Feuerwesen, gutgelaunte Nymphen, schlechtgelaunte Feen, charmante Elfen, eigensinnige Riesen – sie alle erzählen von ihrem wundersamen Kosmos.

229 Seiten, ISBN 978-3-945574-18-8 €14,95

Sonja Spitteler
Himmel küsst Erde
Von der Hingabe, von der Kraft, vom Leben

Der Wind singt Lieder, bringt Bäume und Gräser zum Tanzen und stürmt umher. Er erzählt Geschichten als die Erde noch jung war. Und dann ist da der Steinriese, der mit allen Lebewesen seine Weisheit teilt….

128 Seiten, ISBN 978-3-945574-74-4 € 10,50

Tatjana Adams
Die Weisheit der Bienen
Wie Bienen uns und die Welt sehen

Die "Gesprächs"-Protokolle zeigen uns wie sie die Welt wahrnahmen, die Natur genießen und versuchen, mit den veränderten Umweltbedingungen klar zu kommen.

142 Seiten, ISBN 978-3-945574-67-6 € 14,90

Duane Elgin
Das Lebende Universum
Woher wir kommen. Wohin wir gehen.

Unser Universum wird von einer unvorstellbar riesigen Menge an fließender Energie durchsetzt und erhalten; es wird ständig regeneriert – sogar durch einen Flügelschlag.

235 Seiten, ISBN 1 978-3-941435-04-9 € 18,50